AF630830

EXPEDITION NATUR

BÄRBEL OFTRING

Entdecken, forschen & verstehen

DER GARTEN

DAS MITMACHBUCH FÜR TOPF, BEET & KASTEN

MIT EXPERIMENTEN, IDEEN & UMWELT-TIPPS

moses.

DAS BIN ICH!

Ich heiße:

Ich wohne in:

Mein Geburtstag:

Das möchte ich werden:

Mein Gärtchen:

Meine Lieblings-Pflanze:

Mein Lieblings-Tier:

INHALT

GÄRTNERN IN DER STADT UND AUF DEM LAND

Du bist neugierig, magst Lebendiges und buddelst gern in der Erde? Du hast Geduld, kümmerst dich gern um andere und freust dich über eine schöne Belohnung? Dann wird dir das Gärtnern Spaß machen!

Denn in deinem Gärtchen ist immer was los – egal ob es ein großer Garten ist oder ein Balkon. Gärtnern ist ein bisschen wie experimentieren. Du säst Samen aus, sorgst gut für sie – mit Wasser, Licht und Liebe – und darfst gespannt sein, was sich daraus entwickelt: bunte Blumen, süße Früchte oder knackiges Gemüse.

Alles ist möglich. Oder sagen wir lieber: fast alles. Denn Pflanzen haben natürlich auch Ansprüche; welche das sind, erfährst du auf Seite 15. Und natürlich brauchst du – wie im Umgang mit allen anderen Lebewesen – ein bisschen Disziplin. Pflanzen müssen genau wie Menschen und Tiere versorgt werden. Sie brauchen regelmäßig Wasser und ab und zu Dünger. Und über ein paar Streicheleinheiten und freundliche Worte freuen sich Pflanzen auch.

Gärtnern kannst du überall, wo es hell genug ist. Nur dann kann die Fabrik „Fotosynthese" in den grünen Blättern der Pflanzen laufen (siehe Seite 15). Außerdem brauchst du Erde. Die findest du entweder direkt im Garten oder überall dort, wo es offenen Boden gibt. Oder du füllst einen Topf mit Blumenerde aus der Gärtnerei.

EIN PAAR DINGE SOLLTEST DU BEIM GÄRTNERN BEACHTEN:

- **Pflanzen sind Lebewesen.** Auch wenn sie nicht sprechen oder weinen können, leiden sie unter schlechten Bedingungen, wie einem zu dunklen Platz, zu wenig oder zu viel Wasser.
- **Konzentriere dich beim Gärtnern:** Manche Pflanzen, wie zum Beispiel Rosen, haben Stacheln, an denen du dich leicht verletzen kannst, wenn du unachtsam bist.
- **Schütze deine Haut und deinen Kopf** an sonnigen Tagen, indem du sie mit Kleidung bedeckst. Schütze unbedeckte Haut vor den UV-Strahlen.
- Halte dich in der **Brutzeit** von März bis August von Vogelnestern jeglicher Art fern. Wenn sich Vogeleltern gestört fühlen, verlassen sie das Nest und kümmern sich nicht mehr um Eier und Küken.

Bedenke, die Natur gibt es schon so viel länger als uns Menschen. Wir sind Gast in der Natur und wir verhalten uns wie Gäste: rücksichtsvoll, achtsam und wohlwollend, mit einem großen Dankeschön im Herzen für all die Schönheit, die uns die Erde schenkt - auch im Garten.

DAS BRAUCHST DU ZUM GÄRTNERN

Neben zwei Händen, die zupacken können, etwas Geduld und Durchhaltevermögen, ein bisschen Platz im Garten oder auf dem Balkon brauchst du zum Gärtnern nicht viel.

AUF DEM BALKON

Wachsen und gedeihen deine Pflanzen nur in Pflanzgefäßen wie Kübel, Blumenkasten, Blumentopf und Ähnlichem, dann benötigst du unbedingt diese Dinge und Werkzeuge :

- Blumentöpfe und andere Gefäße zum Bepflanzen
- Blumen- oder Pflanzerde
- Gießkanne
- Sprühflasche oder Pflanzensprüher
- Handschaufel (Gartenkelle) zum Buddeln
- Gartenschere zum Schneiden von Stängeln und anderen Pflanzenteilen
- alte Gabel zum Lockern der Erde
- nur bei manchen Arbeiten: Garten- oder Arbeitshandschuhe als Schutz vor Dornen, Holzsplittern und Ähnlichem
- leichter, robuster Eimer

Tipp! Beim Gärtnern werden die Werkzeuge schmutzig: Erde bleibt an den Zinken der Harke hängen, Pflanzensaft an den Schneiden der Schere. Damit deine Werkzeuge immer einsatzbereit sind, musst du sie nach dem Gärtnern saubermachen. Lass sie gut trocknen und bewahre sie dann an einem trockenen Platz auf, wo sie stets griffbereit sind.

IM GARTEN

Hast du ein kleines Beet im Freien, in dem deine eigenen Pflanzen nach Lust und Laune gedeihen, dann benötigst du diese Dinge und Geräte:

- Gießkanne mit Brause, eventuell auch einen langen Gartenschlauch mit Anschluss an einen Wasserhahn
- Handschaufel (Gartenkelle) für kleinere Pflanzlöcher
- Spaten für größere Pflanzlöcher
- Harke zum Auflockern des Bodens und Zusammenrechen von Laub
- Gartenschere zum Schneiden von Stängeln und anderen Pflanzenteilen
- nur bei manchen Arbeiten: Arbeitshandschuhe als Schutz vor Dornen, Holzsplittern und Ähnlichem
- leichter, robuster Eimer

Besorge dir hochwertiges Werkzeug, das gut in deinen Händen liegt – denn mit dem passenden Werkzeug macht dir das Gärtnern viel mehr Freude. Es gibt auch spezielle Kinder-Gartengeräte.

DEIN GARTENJAHR IM ÜBERBLICK

Frühling, Sommer, Herbst und Winter – auch das Gartenjahr besteht aus diesen vier Jahreszeiten, denn die Pflanzen (und Tiere) leben in diesem Rhythmus von Austreiben, Aufblühen, Fruchten und Ruhen.

In deinem Gärtchen fallen alljährlich in einem bestimmten Takt verschiedene Arbeiten an, die sich durch die Witterung etwas nach vorne oder hinten verschieben können. Darum findest du in diesem Gartenkalender auch phänologische Erscheinungen, wie zum Beispiel das Aufblühen der Schneeglöckchen, die dir helfen, den richtigen Zeitpunkt für die zu erledigenden Gartenarbeiten zu finden.

IM FEBRUAR UND MÄRZ

Achte auf: blühende Schneeglöckchen und blühende Haselsträucher

Im Garten: ×TO DO!

- ☐ Winterabdeckungen von den Beeten entfernen
- ☐ Weidenruten schneiden als Bohnenstangen und für Bauwerke
- ☐ abgeblühte Blumen vom Vorjahr zurückschneiden
- ☐ die Erde in den Beeten lockern und mit Kompost versorgen
- ☐ erschöpfte Hummeln versorgen (siehe Seite 67)
- ☐ Insektenhotels und Nistkästen anbringen, Nistmaterial anbieten

Auf Balkon und Terrasse:

- ☐ Winterschutz von den Pflanzen entfernen, an frostfreien Tagen so viel gießen, wie das Erdreich leicht aufnehmen kann
- ☐ wenn nötig, Pflanzen nun in größere Töpfe umtopfen

Auf der Fensterbank:

- ☐ Sonnenblumen und Gemüse (Gurken, Kürbis, Tomaten, Zucchini, Kräuter) vorziehen
- ☐ Kartoffeln vorkeimen

★ März = gute Pflanzzeit für Bäume und Sträucher

IM APRIL

Achte auf: gelb blühende Forsythienbüsche, Schlehen blühen weiß.

Im Garten: × TO DO!

- [ ] Rosen, Wildblumen pflanzen
- [ ] Wildblumen aussäen
- [ ] ältere, große Stauden teilen
- [ ] Lavendel um ein Drittel zurückschneiden
- [ ] Erbsen, Karotten, Kohlrabi, Mangold, Radieschen, Rettich, Rote Bete, Salate und Spinat aussäen
- [ ] Vögel füttern
- [ ] Nistmaterial anbieten
- [ ] Löwenzahn, Gänseblümchen ernten

Auf Balkon und Terrasse:

- [ ] Besorge dir blühende Krokusse, Traubenhyazinthen und andere Frühjahrsblüher, die den Frühling mit bunten Farbtupfern zu dir bringen.
- [ ] Topfpflanzen düngen

Auf der Fensterbank:

- [ ] vorgezogene Jungpflanzen (Blumen, Gemüse) in größere Töpfe umpflanzen

IM MAI

Achte auf: blühende Apfelbäume, Flieder und Rosskastanien

Ereignis: An den Eisheiligen (12.–14.5.) und der Kalten Sophie (15.5.) kann es winterlich kalt werden!

Im Garten: × TO DO!

- [ ] unter blühenden Erdbeeren Stroh ausbringen
- [ ] ab Mitte Mai bedenkenlos Blumen im Freien aussäen
- [ ] Busch- und Stangenbohnen aussäen
- [ ] Kartoffeln setzen
- [ ] vorgezogenes Gemüse und Sonnenblumen ins Freie setzen
- [ ] Vögel füttern

Auf Balkon und Terrasse:

- [ ] Balkonblumen pflanzen
- [ ] Nach den Eisheiligen (Mitte Mai) dürfen auch die frostempfindlichen Pflanzen ins Freie.
- [ ] Topfpflanzen düngen
- [ ] regelmäßig gießen

Auf der Fensterbank:

- [ ] in der Mittagssonne nach Süden gerichtete Fenster beschatten, z.B. Jalousie runterlassen

IM JUNI

Achte auf: weiß blühenden Schwarzen Holunder und blühende Getreidefelder

Im Garten: ×TO DO!

- [ ] regelmäßig gießen
- [ ] Erdbeeren ernten
- [ ] morgens Blumen für die Vase schneiden
- [ ] Kohlpflanzen mit verdünnter Brennnesseljauche düngen
- [ ] erste Ernten von Gemüse
- [ ] Vögel füttern

Auf Balkon und Terrasse:

- ☐ Tomatenpflanzen ausgeizen
- ☐ Topfpflanzen düngen
- ☐ regelmäßig gießen

Auf der Fensterbank:

- ☐ in der Mittagssonne nach Süden gerichtete Fenster beschatten

IM JULI UND AUGUST

Achte auf: Blühende Linden, Johannisbeeren sind reif, Getreidefelder werden gelb.

Im Garten: × TO DO!

- ☐ regelmäßig gießen
- ☐ Beeren, Kirschen und anderes Obst ernten
- ☐ Gemüse ernten: Zucchini, Tomaten, junge Buschbohnen
- ☐ Erdbeeren pflanzen
- ☐ Zwiebeln ernten, wenn die Blätter umfallen und das obere Drittel vertrocknet ist
- ☐ Vögel mit frischem Wasser versorgen

Auf Balkon und Terrasse:

- ☐ im Juli letzte Düngergabe für Topfpflanzen
- ☐ regelmäßig gießen

Auf der Fensterbank:

- ☐ in der Mittagssonne nach Süden gerichtete Fenster beschatten, z.B. Jalousie runterlassen

★ Ab August: nicht mehr düngen!

IM SEPTEMBER UND OKTOBER

Achte auf: Blühende Herbstzeitlose auf den Wiesen, Holunderfrüchte werden reif, Rosskastanien fallen von den Bäumen, Laub verfärbt sich.

Im Garten: × TODO!

- ☐ Nistkästen innen reinigen: altes Nistmaterial entfernen, eventuell mit heißem Wasser ausschrubben
- ☐ Äpfel, Birnen, Brombeeren, Himbeeren ernten
- ☐ Walnüsse auflesen
- ☐ Rosen, Obst- und Laubbäume pflanzen
- ☐ Stauden teilen und pflanzen
- ☐ Krokus-, Tulpen- und Narzissenzwiebeln setzen
- ☐ Blumensamen sammeln

Auf Balkon und Terrasse:

- ☐ regelmäßig gießen

IM NOVEMBER

Achte auf: Blätter fallen von den Bäumen und Büschen.

Im Garten: × TODO!

- [ ] Laub von Rasenflächen entfernen und unter Sträucher und Büsche fegen
- [ ] frostempfindliche Rosen, Blumen und Kräuter mit Winterschutz (Reisig und Laub) abdecken

Auf Balkon und Terrasse:

- [ ] Winterschutz anbringen und empfindliche Pflanzen nach drinnen räumen
- [ ] Pflanzen, die in Töpfen, Kübeln und Kästen sitzen, musst du unbedingt im Winter schützen. Die Kälte kann viel leichter den Erdballen im Gefäß tiefgefrieren und den Wurzeln schaden.

IM DEZEMBER UND JANUAR

Achte auf: Blattlose Laubbäume, Christrosen blühen.

Im Garten: × TO DO!

- [ ] Gartenwerkzeuge putzen
- [ ] schwere Schneelasten von Ästen und Zweigen kehren, damit diese nicht abbrechen
- [ ] Vögel füttern und beobachten, wer ans Futterhaus kommt

★ Verblühte Blumen und Gräser nicht abschneiden, sondern über den Winter stehen lassen. Dazwischen verstecken sich jede Menge Kleintiere und ruhen darin über den Winter!

WINTERSCHUTZREGELN:

1. Alle Kübelpflanzen, die aus warmen bis tropischen Regionen stammen – also Oleander, Passionsblume und andere – musst du nun an einen hellen, kühlen Platz ins Haus (zum Beispiel zugluftfreies Treppenhaus oder unbeheizter Wintergarten) bringen. Diese Pflanzen dürfen erst nach den Eisheiligen Mitte Mai wieder ins Freie.
2. Viele aus dem Mittelmeerraum stammende Pflanzen wie Olive, Rosmarin, Lavendel sowie Rosen, Beerensträucher und andere Obstgehölze vertragen eine oder zwei frostige Nächte. Sie dürfen in den meisten Gebieten draußen bleiben, brauchen aber einen Winterschutz. Nur im Bergland und in strengen Wintern holst du sie sicherheitshalber auch ins Haus.
3. Winterschutz: Rücke die Pflanzen dicht an die Hauswand, stelle die Töpfe auf ein Stück Styropor oder eine dicke Lage Zeitungspapier. Dann umwickelst du die Pflanzen locker mit Schilfrohrmatten, Jutefleece (beides aus dem Gartencenter) oder Noppenfolie.

Wenn der Winter im März vorbei ist, entfernst du an einem bewölkten Tag (sonst bekommen die Pflanzen einen Schock durch das helle Sonnenlicht) den Winterschutz – lass die Pflanzen aber noch an der geschützten Hauswand stehen.

GÄRTNERN-BASICS

In diesem Kapitel erfährst du alles, was du wissen musst, um mit dem Gärtnern zu beginnen. Außerdem gibt es natürlich auch gleich erste einfache Projekte, mit denen du sofort loslegen kannst.

EINE PORTION GRUNDWISSEN …

… über Pflanzen und was sie zum Leben brauchen, ist wichtig. Pflanzen sind nämlich wie Menschen und Tiere Lebewesen. Pflanzen atmen, haben Durst und Hunger. Weil sie sich nicht selbst mit Wasser und mit Nährstoffen versorgen können, bist du gefragt.

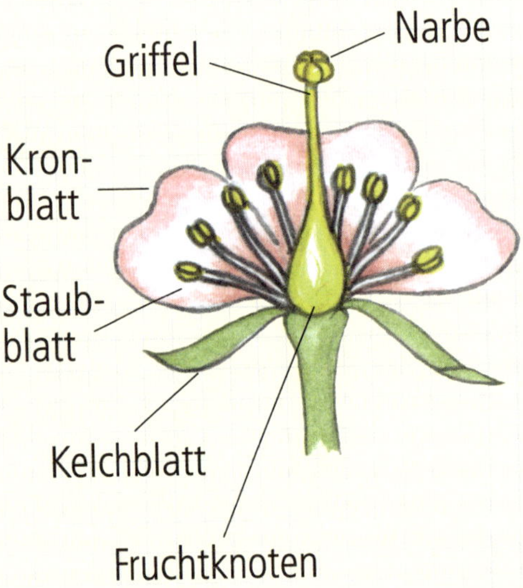

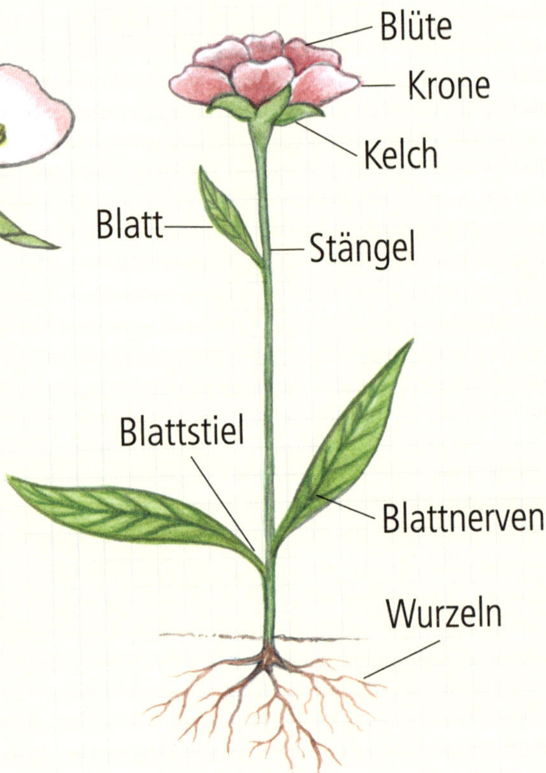

3 GRUNDBEDÜRFNISSE EINER PFLANZE:

1. Atmung: Stelle deine Pflanzen an einen hellen Platz, wo sie genügend Licht bekommen. Verschaffe ihnen genügend freien Raum, damit sie ihre Äste und Blätter entfalten können. Mit dem grünen Blattfarbstoff Chlorophyll stellt die Pflanze mithilfe von Sonnenlicht aus dem Stickstoff in der Luft und aus Wasser alles her, was sie zum Leben und Wachsen braucht: neue Blätter, Blüten, Knospen, Holz und Rinde. Dieser Herstellungsprozess heißt Fotosynthese.

2. Durst: Wasser ist für eine Pflanze lebenswichtig, daher musst du sie regelmäßig gießen. Für die meisten Pflanzen muss die Erde immer feucht sein, nicht zu trocken, auf gar keinen Fall nass. Darum stecke bei allen Pflanzen im Topf täglich deinen Finger in die Erde und prüfe etwa 0,5 cm unterhalb der Erdoberfläche, wie sich die Erde anfühlt:

- Ist die Erde feucht – perfekt!
- Ist sie trocken, musst du gießen.
- Ist sie nass, ist schnelles Handeln angesagt: Staunässe vertragen die allerwenigsten Pflanzen, weil ihre Wurzeln dann ersticken. Gieße sofort das Wasser aus dem Übertopf und stelle dann den Topf auf eine saugfähige Unterlage, etwa ein Küchenpapier oder Handtuch. Immer wenn die Unterlage vollgesogen ist, wringst du sie aus.

3. Hunger: Versorge die Pflanzen von März/April bis Ende Juli regelmäßig mit Dünger. Für die Topfpflanzen auf Balkon und Terrasse besorgst du dir Flüssigdünger. Auf der Packungsanleitung steht, wie du den Dünger anwendest (siehe Seite 33). Im Herbst wird nicht gedüngt, im Winter ist Ruhezeit.

AUSSAAT: AUS SAMEN ENTSTEHEN NEUE PFLANZEN

Wenn du neue Pflanzen möchtest, gibt es zwei einfache Möglichkeiten: Du kaufst sie dir in einem Gartencenter oder du ziehst sie selbst aus Samen. Das geht ganz einfach, nämlich so:

In Supermarkt, Drogerie oder Gartencenter gibt es ganz viele verschiedene Samentütchen für Blumen, Gemüse und Kräuter. Du suchst dir die Pflanzen aus, die du haben möchtest. Auf der Rückseite des Samentütchens findest du dann die genaue Anleitung, wann du die Samen aussäst. Du kannst die Samen natürlich auch selbst sammeln. Wie das geht erfährst du auf Seite 26/27.

DAS BRAUCHST DU ZUM AUSSÄEN

- flache Anzuchtschale mit Klarsichtdeckel oder leere, saubere Plastikschale (etwa von Margarine) oder Papiertöpfchen (siehe Seite 19), Eierkarton, Papprollen von Klopapier und Küchenrolle plus Klarsichtfolie, in die du ein paar Löcher gestochen hast
- spezielle nährstoffarme Aussaaterde aus dem Gartencenter oder selbst gemischt

TIPP! Samen sind unterschiedlich groß. Damit du winzige Samen gut aussäen kannst, mische sie zuvor mit der doppelten Menge an trockenem Sand!

AUSSÄEN

1. Fülle die Anzuchtschale mit feuchter, nährstoffarmer Aussaaterde und streiche die Erdoberfläche mit der flachen Hand und leichtem Druck glatt.
2. Für Dunkelkeimer: Ziehe mit dem Ende eines Bleistifts oder deinem Finger Rillen (1 bis 2 cm tief) in die Aussaaterde. Größere Samen setzt du einfach mit etwas Abstand nebeneinander in die Rillen, kleinere Samen streust du aus. Decke die Rillen dann mit Erde zu. Für Lichtkeimer: Streue die Samen auf die Erde und decke sie nicht mit Erde zu.
3. Besprühe die Erde vorsichtig mit Wasser aus einer Sprühflasche.
4. Decke die Anzuchtschale mit dem Klarsichtdeckel ab, andere Behälter bedeckst du mit Klarsichtfolie.
5. Schreibe den Namen der Pflanze und das Datum, an dem du sie ausgesät hast, auf ein Etikett und stecke es mit einem Zahnstocher oder Schaschlikstäbchen zu den Samen. Stelle die Anzuchtschale an einen hellen Platz, der aber nicht direkt von der Sonne beschienen wird.

TIPP! Die Aussaaterde darf nicht austrocknen, besprühe sie deshalb regelmäßig mit Wasser aus der Sprühflasche.

AUSSAAT IM GARTEN ...

... geht genauso. Du machst die Erde im Beet mit der Harke ganz feinkrümelig und streichst die Oberfläche glatt. Dann säst du die Samen direkt in oder auf die Erde, je nach Dunkel- oder Lichtkeimer.

PIKIEREN

Nach mehreren Tagen bis Wochen fangen die Samen an zu keimen. Dann strecken sie eine zarte Wurzel ins Erdreich und einen Trieb zum Himmel, an dem sich die ersten beiden Blättchen entfalten. Wenn die Pflanzenkinder nun zu eng stehen, musst du sie vereinzeln – das nennt man pikieren.

1. Besprühe 1 bis 2 Stunden vor dem Pikieren die Erde rund um die Pflänzchen mit Wasser.
2. Wähle dann die schönsten und stärksten Exemplare aus. Fülle kleine Töpfchen mit feuchter Aussaaterde.
3. Nimm nacheinander die ausgewählten Exemplare vorsichtig mit einem speziellen Pikierstab oder Kugelschreiber (zuvor Mine entfernen!) aus der Erde. Dabei darfst du die zarten Wurzeln nicht verletzen.
4. Kürze die Wurzeln mit einer Schere auf eine Länge von 2 cm und setze das Pflänzchen in das mit Aussaaterde gefüllte Töpfchen. Wieder an einen hellen Platz ohne direkte Sonne stellen.

UPCYCLING: KLEINE TOPFKUNDE

Pflanzen können theoretisch in allen Gefäßen wachsen – aber nicht alle sind gleich gut geeignet.

GEFÄSSE ZUM AUSSÄEN

Aus Zeitungspapier faltest du einfache Töpfchen für Samen. Papier von Werbung, Magazinen, Zeitschriften oder Büchern ist ungeeignet.

1. Reiße oder schneide das Zeitungspapier in etwa 9 cm breite Streifen und rolle es um einen runden Eierbecher.
2. Falte 3 cm des Papiers zum Töpfchenboden. Presse es auf einer Unterlage gut fest. Das Papiertöpfchen ist dann etwa 6 cm hoch.
3. Entferne nun den Eierbecher und fülle das Töpfchen mit Aussaaterde.

GEFÄSSE FÜR DEINE PFLANZEN

Die meisten Blumentöpfe, -kästen und -kübel sind aus Ton, Terrakotta oder Kunststoff. Ton- und Terrakottagefäße sind durchlässig, sodass die Pflanzenwurzeln besser belüftet werden. Dafür musst du mehr gießen – vor allem im Sommer. Kunststoff-/Plastiktöpfe sind zwar leichter und halten die Feuchtigkeit besser in der Erde, aber dafür besteht die Gefahr von Staunässe (siehe Seite 15 und 33).

WICHTIG: LÖCHER IM BODEN

Damit das Wasser vom zu reichlichen Gießen oder nach Regenfällen ablaufen kann, gibt es ein oder mehrere Abflusslöcher im Topfboden. Um dieses abfließende Wasser aufzufangen, stellst du den Blumentopf auf einen Plastikuntersetzer oder in einen Übertopf – der besitzt natürlich keine Abflusslöcher!

WITZIGE GEFÄSSE ALS BLUMEN- ODER ÜBERTÖPFE:

- Schüsseln, Schalen, Tassen oder Ähnliches aus Porzellan und Steingut
- Vasen, Marmeladen- und Weckgläser aus Glas
- leere PET-, Tetra Pak®- und Glasflaschen
- Verpackungen und Behälter aus Kunststoff
- Schuhe, Fundstücke vom Dachboden und Trödelmarkt
- alte Handtaschen oder Schuhe aus Leder

Wichtig: Prüfe, ob das Gefäß auch dicht ist – fülle dazu Wasser ein und lass es darin eine Weile stehen. Sonst musst du das Gefäß mit einer passenden Plastiktüte auskleiden, bevor du Erde einfüllst.

ERSTE AUSSAATEN

PRO-

Zur Auswahl stehen drei Projekte, die im Garten genauso funktionieren wie im Topf.

1 MEIN ERSTES GEMÜSE

AUSSAAT: Februar bis Mai

DU BRAUCHST:

- Samentütchen von Tomaten, Möhren, Radieschen, Zucchini

SO GEHT ES: Fülle eine flache Anzuchtschale und Papiertöpfchen (siehe Seite 19) mit Aussaaterde. Säe dann nach den Angaben auf den Samentütchen die Samen der Möhren und Radieschen in die Anzuchtschale, die Samen der Tomaten und Zucchini steckst du je zu dritt in ein Papiertöpfchen. Mit Wasser angießen – über die Anzuchtschale den durchsichtigen Deckel stülpen, über die Papiertöpfchen je eine halbierte 1-Liter-PET-Flasche. Dann an einen hellen Platz auf der Fensterbank stellen. Nach ca. 2 Wochen in Blumenkasten oder Kübel pikieren, ab Mai direkt ins Beet säen.

2 GRÜN-BUNTER SICHTSCHUTZ FÜR DEIN GEHEIMPLÄTZCHEN

AUSSAAT: Mai und Juni

DU BRAUCHST:

- Stangenbohnen, Prunk- oder Feuerbohnen, rankende Kapuzinerkresse zum Aussäen
- Rankgerüst oder Bohnenstangen
- Schnüre

SO GEHT ES: Stelle das Rankgerüst an eine Wand im Garten oder auf dem Balkon oder du steckst die Bohnenstangen an der vorgesehenen Stelle in den Boden oder in ein großes Pflanzgefäß mit mindestens 20 Liter Erde. Stecke dann je 5 bis 6 Bohnen halbkreisförmig um jede Stange 2 bis 3 cm tief in die Erde. Gut gießen und die Erde in den nächsten Tagen feucht halten. Wenn die ersten grünen Triebe erscheinen, schlinge sie um die Stangen oder das Rankgerüst. 2 bis 3 Monate nach dem Setzen kannst du die Bohnen ernten – doch Achtung! Sie sind roh giftig und dürfen nur gekocht verspeist werden.

3 24 BUNTE BLUMENBÖMBCHEN

Aussaat: das ganze Jahr über

DU BRAUCHST:

- Samentütchen Wildblumen, am besten Regio-Saatgut
- Samenmischung für Schmetterlinge oder Wildbienen, am besten Regio-Saatgut
- 20 Esslöffel Erde
- 16 Esslöffel Tonpulver
- 4 Teelöffel Kaffeesatz oder Teeblätter als Dünger
- etwa 16 Teelöffel Wasser

SO GEHT ES: Mische die Erde mit Tonpulver, 4 Teelöffeln Samenmischungen und Kaffeesatz. Knete alles mit wenig Wasser zu einer glatten Masse. Teile sie nun in 24 Portionen und rolle jede Portion zwischen deinen flachen Handtellern zu einer glatten, festen Kugel. Lege die Kugeln auf Küchenpapier oder in Eierkartons.

Von März bis August: Lass die Blumenbömbchen ein paar Stunden trocknen, dann wirfst du sie draußen auf offene Bodenstellen im Garten, entlang von Wegen oder in Blumentöpfe. Sei gespannt, welche Blumen dort bald aufblühen.

Von September bis Februar: Lass die Blumenbömbchen 2 Tage lang auf der Heizung trocknen und bewahre sie dann an einem trockenen Platz auf; ab März darfst du sie dann auswerfen (sie sind 2 Jahre lang haltbar)!

In jeder Bombe steckt geballte Blumensamenkraft!

WAS KEIMT DENN DA?

Im Gartenbeet und im Blumentopf wachsen oft kleine Pflanzenkinder, die du weder dahin gesät noch gepflanzt hast. Die wichtigsten und häufigsten solltest du kennen – und auch wie sie den Weg zu dir gefunden haben.

BIRKEN-SÄMLING

Betula pendula

Die leichten Samen der Birken werden vom Wind verweht, sie keimen überall – auch im Blumenkasten und in Regenrinnen. Am besten so früh wie möglich entfernen, du willst keinen Baum in deinem Topf!

WEIDE-SÄMLING

Salix fragilis

Auch die Weidensamen weht der Wind in deinen Topf, ebenfalls so früh wie möglich entfernen.

ACKER-SCHACHTELHALM

Equiswse

Wie Tannenbäumchen sehen die Triebe des Acker-Schachtelhalms aus, die jedes Jahr aus dem weit verzweigten Wurzelwerk austreiben. Alte Heilpflanze! Schon im März/April treiben die hellbraunen unverzweigten Sporentriebe aus, die an ein Ohrenstäbchen erinnern – diese solltest du unbedingt entfernen.

AKELEI

Aquilegia vulgaris

Dank der vielen feinen Samen taucht die Akelei überall im Garten auf – macht nichts, sie hat so schöne Blüten und lockt jede Menge Insekten an.

LÖWENZAHN

Taraxacum officinale

An den langen gezähnten Blättern erkennst du den Löwenzahn schon, bevor er gelb blüht. Die frischen Blätter erntest du für Wildsalat und Gemüse, auch Kaninchen und Meerschweinchen fressen sie gern. Wenn zu viel Löwenzahn wächst, einzelne Pflanzen mit dem Unkrautstecher ausstechen. Bildet reichlich Samen, die zu neuen Pflanzen keimen.

QUECKE

Agropyron repens

Dieses Gras kann sehr lästig werden, denn wenn sich die Quecke einmal im Garten ausgebreitet hat, wird man sie wegen dem dichten Wurzelwerk kaum wieder los. Schneide dieses Gras stets bis zum Boden ab - so kannst du es schwächen.

PERSISCHER EHRENPREIS

Veronica persica

Die Samen der verschiedenen Ehrenpreisarten bleiben im Erdboden über 30 Jahre lang keimfähig. Kein Wunder, dass sie auf offenen Bodenstellen oft auftauchen – macht aber nichts: hübsche Pflanze, die bei Bedarf schnell entfernt ist.

HORN-SAUERKLEE

Oxalis corniculata

Nicht nur in Gärten, sondern auch in Blumentöpfen und in Pflastersteinfugen hat sich der aus dem Mittelmeerraum stammende Horn-Sauerklee mit seinen rötlichen Blättern und gelben Blüten bei uns stark ausgebreitet. Du kannst ihn mitsamt tiefer Pfahlwurzel mit dem Unkrautstecher ausstechen.

SCHNITTLAUCH

Allium schoenoprasum

Die kugeligen Blüten bilden jede Menge Samen, sodass sich der Schnittlauch vor allem in Blumentöpfen rasch ausbreitet und überall wächst. Einfach alle Blüten ernten und essen, schon ist das Problem beseitigt.

VOGELMIERE

Stellaria media

Die Vogelmiere blüht das ganze Jahr über und bildet auch das ganze Jahr über Samen – darum kann sie sich rasch ausbreiten. Viele Insekten besuchen die weißen Blüten. Schau dir an, wie hübsch sie sind!

GIERSCH

Aegopodium podagraria

Auch der Giersch gehört zu den richtig lästigen Wildkräutern. Er hat ein sehr hartnäckiges Wurzelwerk, deshalb wird man ihn kaum wieder los. Doch die Blätter kann man essen – darf sie aber nicht mit giftigen Doldenblütengewächsen verwechseln.

PRO-

KARTOFFELN IM POT

Aus Kartoffeln lassen sich leckere Sachen machen – Pommes oder Kartoffelchips zum Beispiel oder auch witzige Stempel zum Drucken. Noch mehr Freude macht das mit selbst geernteten Kartoffeln!

IM MÄRZ!

Die ganze Aktion beginnt im März mit etwa 10 kleinen Pflanzkartoffeln aus dem Gartencenter. Speisekartoffeln aus dem Supermarkt sind nicht geeignet, denn oftmals sind sie mit keimhemmenden Mitteln behandelt und keimen dann nicht. Oder du nimmst Kartoffeln, die beim Lagern schon gekeimt sind.

Lege die Kartoffeln dicht nebeneinander in eine flache Kiste oder in einen Eierkarton. Dann stellst du die Kartoffeln an einen hellen, kühlen Platz, der aber nicht von der Sonne beschienen wird – zum Beispiel an ein Nordfenster im unbeheizten Treppenhaus. Dort bilden die Kartoffeln nun lange Triebe – man sagt, die Kartoffeln keimen vor.

Nun hast du etwa zwei Monate Zeit, um einen Gartensack, Big Bag, Kübel oder ein ähnliches Pflanzgefäß zu besorgen, das ausreichend hoch ist und mindestens 50 cm Durchmesser hat. Vielleicht kannst du ja auch einen leeren 70-Liter-Blumenerde-Plastiksack organisieren, der funktioniert auch.

ANFANG MAI!

Weiter geht's dann Anfang Mai: Mische zwei Handvoll Hornspäne unter 30 bis 40 Liter feuchte Garten- oder Blumenerde und fülle zusammen mit einem Erwachsenen die Erde etwa 30 cm hoch in das große Pflanzgefäß, die obere Hälfte des Gefäßes muss (noch) frei bleiben. Nun steckst du zwei bis drei der vorgekeimten Kartoffeln etwa 10 cm tief in die Erde. Erde gut feucht halten, aber nicht nass – sonst schimmeln die Kartoffeln!

Im Lauf der nächsten Wochen treiben nun die Kartoffeln aus und bald erscheinen die ersten grünen Triebe mit Blättern. Wenn diese Triebe 20 bis 30 cm hoch sind, musst du frische Garten- oder Blumenerde nachfüllen – und zwar so viel, dass die Triebe mit Erde bedeckt sind. Dann bilden sich noch mehr und dickere Kartoffelknollen im Erdreich. Die Erde hältst du weiterhin feucht, denn bei Trockenheit bleiben die Kartoffeln klein. Achte beim Gießen darauf, dass du nur die Erde wässerst, nicht die grünen Pflanzenteile.

Nach der Blüte musst du noch etwas Geduld haben, denn ab Mitte September sind die Kartoffeln erntereif. Zeit zum Ernten ist zwei Wochen nachdem das Laub abgestorben und vertrocknet braun geworden ist. Zum Ernten kippst du einfach das Gefäß um und sortierst die Kartoffeln heraus.

Zähle mal,
wie viele Kartoffeln
aus den zwei
oder drei Kartoffeln
geworden sind!

TIPP! Große Kartoffeln landen in der Küche, kleine lagerst du an einem kühlen, dunklen Platz (z.B. in einem Jutesack) und lässt sie im folgenden März wieder vorkeimen für die nächste Kartoffelsetzaktion!

BLUMENSAMEN SAMMELN

Nach dem Verblühen bilden die Blumen Samen, aus denen sich neue Pflanzen entwickeln. Im Sommer und im Herbst reifen sie heran – nun ist Zeit zum gezielten Sammeln.

ZUM AUFBEWAHREN ...

... eignen sich Papierfrühstückstüten oder Briefumschläge, denn sie sind durchlässig. Plastiktüten sind ungeeignet, denn darin können vor allem größere Samen schimmeln. Auch kleine Gläschen mit Schraubdeckel kannst du verwenden.

VON KLEIN BIS GROSS

Mohnsamen kennst du vom Mohnbrötchen – sie rieseln aus den hübschen Kapselfrüchten der verblühten Mohnblüten. Wenn du verwelkte Schnittlauchblüten schüttelst, fallen die kleinen Samen heraus – Sonnenblumenkerne und auch die Samen der Kapuzinerkresse hingegen sind ziemlich groß.

AUF SAMEN-SAMMEL-TOUR

Halte beim Spazierengehen im Wald, Park und Garten, auf dem Feld und der Wiese Ausschau nach verblühten Blumen und nach allem, was aussieht wie vertrocknete Blüten. Solange die Samen grün sind, sind sie noch nicht reif – lass sie an der Pflanze, damit sie ausreifen können. Reife Samen sind braun bis schwarz und hart – diese kannst du ernten.

SAMEN SAMMELN

1. Schneide die verwelkte Blüte mitsamt den Samen vorsichtig ab, damit die Samen nicht gleich herausfallen. Stecke sie in die Papiertüte. Damit sich die Samen verschiedener Pflanzen nicht mischen, verwende für jede Pflanze eine andere Tüte. Bist du unsicher, kommt jede Blüte in eine eigene Tüte.
2. Notiere auf der Tüte den Namen der Pflanze (wenn du ihn weißt), wann und wo du sie gesammelt hast.
3. Lege die Blüten mit Samen zum Trocknen aus. Dann entfernst du die Blütenreste und gibst die Samen in einen Briefumschlag aus Papier. Beschriften mit Name, Fundort, Funddatum – und natürlich für jede Samensorte einen eigenen Umschlag verwenden! Samen an einem trockenen, kühlen Platz aufbewahren.

Sammle auch die kleinen Kerne auf den Erdbeeren – das sind ebenso Samen wie die hellbraunen Kerne in den Tomaten. Halte bei Obst und Gemüse Ausschau nach Samen!

Im Frühjahr ist es Zeit für die Aussaat deiner selbst gesammelten Samen.

TIPP! Streif dir ein paar alte Wollsocken über Füße, Strümpfe und Schuhe und lauf im Sommer damit durch eine Blumenwiese. An den Socken bleiben ganz viele Samen von verschiedenen Wildpflanzen hängen. Bewahre die Samen in einem Papiertütchen auf und beschrifte es z.B. mit „Samen von Nachbars Wiese“, damit du später weißt, welche Samen darin sind. Im nächsten Frühjahr säst du sie dann in deinem Gärtchen oder in einem Blumentopf aus (siehe Seite 16 bis 19). Sei gespannt, welche Blumen wohl aufblühen!

Selbst gesammelte Samen sind auch ein tolles Geschenk: Wähle dazu besonders schönes Papier, das du zu einer Tüte oder einem Umschlag faltest. Gib die Samen hinein, nähe das Behältnis mit buntem Garn zu und beschrifte es mit deiner besten Schrift. Auch gestempelte Buchstaben sehen klasse aus!

DAS 1 X 1 DES PFLANZENS, EIN- UND UMTOPFENS

Richtig pflanzen und eintopfen

IN DIE ERDE PFLANZEN

Um eine Pflanze ins Erdreich zu pflanzen, gräbst du zunächst ein ausreichend großes Loch. Es muss breiter und tiefer sein als der Wurzelballen. Lockere den Wurzelballen mit deinen Fingern auf und stelle ihn so in die Mitte des Pflanzloches, dass der Wurzelballen ebenerdig mit der Erdoberfläche abschließt. Fülle nun das Pflanzloch mit Erde und drücke diese mit deinen Händen fest um den Wurzelballen. Dann füllst du weitere Erde in die Lücken. Zuletzt gründlich gießen!

IN DEN TOPF PFLANZEN

Geht genauso wie Umtopfen!

ZWIEBELN SETZEN

Nicht nur Küchenzwiebeln, sondern auch Tulpen, Narzissen, Traubenhyazinthen und Krokusse besitzen eine besondere Wurzel, die Zwiebel. Da sie nicht nur Wasser und Mineralstoffe aus dem Boden aufnimmt, sondern auch Nährstoffe speichert, können Zwiebelblumen so zeitig im Jahr blühen. Zwiebeln setzen ist ganz einfach, egal ob in den Erdboden oder in einen Topf: Du gräbst ein Loch, das zwei- bis dreimal so tief ist wie die Zwiebel hoch ist. Dann legst du die Zwiebel so in das Loch, dass die Spitze nach oben weist und füllst das Loch mit Erde. Gießen nicht vergessen!

UMTOPFEN

Pflanzen wachsen unentwegt – darum wird es ihnen bald zu eng im Blumentopf. Spätestens, wenn das ganze Wurzelwerk die Blumenerde durchwachsen hat, braucht die Pflanze einen neuen Topf. Das nennt man Umtopfen. Die beste Zeit zum Umtopfen sind die Monate Februar bis April, denn dann endet die Winterruhe und die Pflanzen erwachen zu neuem Leben.

1. Besorge einen Topf, der im Durchmesser 2 cm größer ist als der alte.
2. Prüfe, ob der neue Topf im Boden auch Abflusslöcher besitzt – wenn nicht, bohre mindestens eines hinein.
3. Lege beim Tontopf eine Tonscherbe über das Abflussloch, damit keine Erde hinausgeschwemmt wird. Größere Töpfe und Kübel füllst du zunächst mit 1 bis 2 cm grobem Kies als Dränage.
4. Fülle dann etwas gute Blumenerde in den Topf und forme in der Mitte eine Kuhle, in die der Wurzelballen hineinpasst.
5. Tauche den Topf mit dem Wurzelballen so lange in einen Eimer mit Wasser, bis keine Luftblasen mehr aufsteigen. Dann herausnehmen und überschüssiges Wasser abtropfen lassen.
6. Knete den alten Plastiktopf in deinen Händen, damit sich der Wurzelballen vom Topfrand löst. Stülpe dann die Pflanze um, umgreife den Wurzelballen mit deinen Händen und hole ihn aus dem alten Topf. Pass dabei auf, dass nicht zu viele Wurzeln abreißen.
7. Lockere den Wurzelballen mit deinen Fingern auf und stelle ihn so in die Mitte des neuen Topfes, dass bis zum oberen Topfrand 1 bis 3 cm Platz bleiben – sonst läuft bei jedem Gießen das Wasser über den Topfrand hinweg.
8. Fülle nun die Zwischenräume mit frischer Blumenerde und drücke sie fest um den Wurzelballen. Dann hat die Pflanze guten Halt.
9. Zuletzt füllst du Lücken noch mit Erde auf.
10. Nun gießt du genügend Wasser rund um die Pflanze, das die Erde zwischen die Wurzeln schlämmt.

PROJEKT!

ERDBEEREN PFLANZEN

Wer mag keine Erdbeeren? Niemand! Denn die roten Früchte schmecken nicht nur süß und lecker, sondern zeigen dir, dass der Sommer vor der Tür steht. Erdbeeren wachsen im Topf auf dem Balkon und der Terrasse genauso gut wie im Gartenbeet.

ERDBEERPFLANZEN BESORGEN

Jungpflanzen bekommst du auf dem Wochen- oder Pflanzenmarkt.

ERDBEER-VIELFALT:

Du kannst zwischen verschiedenen Erdbeertypen wählen:

- **Gartenerdbeeren:** Du kannst im Juni/Juli für kurze Zeit viele Früchte ernten.
- **Monatserdbeeren:** Du kannst von Juni bis in den Herbst hinein täglich ernten, aber stets nur einzelne Früchte.
- **Klettererdbeeren:** besitzen lange Ranken, die vom Balkonkasten herabhängen oder an einem Rankgerüst die Hauswand emporklettern.

ERDBEEREN ANBAUEN – IM TOPF

Pflanzzeit: Mitte März bis Mitte Mai

SO GEHT ES: Beim Einpflanzen gehst du genauso vor wie auf Seite 29 beschrieben.

Beachte aber, dass die Erdbeerpflanze nicht zu hoch und nicht zu tief in der Erde sitzt: Richtig ist es, wenn die Wurzeln nicht aus der Erde herausschauen und wenn das „Herz" mit den grünen Triebspitzen in der Mitte der Erdbeerpflanze nicht mit Erde bedeckt ist! Gleich gießen!

Stecke am besten in jeden Topf noch eine Knoblauchzehe – sie lässt die Erdbeeren schneller und gesünder wachsen.

Eine Erdbeerpflanze liefert ungefähr 1 kg Früchte.

ERDBEEREN ANBAUEN – IM GARTENBEET

Pflanzzeit: Mitte März bis Mitte Mai oder Juli bis September

SO GEHT ES: Du pflanzt die Erdbeerpflanze genauso wie in den Topf, halte zwischen den Erdbeerpflanzen einen Abstand von 30 bis 40 cm. Pflanzt du die Erdbeeren in mehreren Reihen, so halte zwischen den Reihen einen Abstand von 80 cm.

In den ersten Tagen nach der Pflanzung musst du jeden Abend kräftig gießen, danach die Erde stets gut feucht halten – sonst gibt es nur kleine Früchte. Wenn sich aus den Blüten die ersten Früchte bilden, bedeckst du den Boden rund um die Pflanzen mit Stroh oder Holzwolle. Dann bleiben die Früchte sauber und verderben nach Regenfällen nicht so schnell.

ERDBEEREN VERMEHREN

An jeder Erdbeerpflanze kannst du lange Ranken entdecken, an deren Enden sich ganz von selbst neue Erdbeerpflänzchen entwickeln. Diese Erdbeerpflänzchen sind Ableger (siehe Seite 40). Du kannst sie abschneiden und in Erde topfen – sie wachsen zu großen Erdbeerpflanzen heran, die ebenfalls Früchte tragen.

- Erdbeeren blühen von Mai bis September
- werden bis zu 50 cm hoch
- brauchen einen sonnigen bis leicht schattigen Platz in lockerer Erde
- Nur im ersten und zweiten Jahr tragen Erdbeerpflanzen reichlich Früchte, danach werden es immer weniger Blüten und Früchte – darum solltest du alle drei Jahre neue Erdbeerpflanzen ins Beet setzen!

PFLANZENPFLEGE: GIESSEN UND DÜNGEN

Pflanzen sind hungrig und durstig. Jetzt darfst du Düngen und Gießen nicht vergessen!

PFLANZENPFLEGE: GIESSEN UND DÜNGEN

Ohne Wasser und Nährstoffe können Pflanzen nicht leben. In der freien Natur steht den Pflanzen beides im Boden zur Verfügung. Nährstoffe wie Stickstoffverbindungen, Phosphor und Kalium entstehen bei der Zersetzung von abgestorbenen Pflanzen durch Bakterien, Pilze und andere Mikroorganismen, ähnlich wie im Kompost (siehe Seite 38/39). Der Gehalt an Wasser im Boden hängt sehr stark vom Standort ab – im Uferbereich von See, Bach und Fluss gibt es reichlich Wasser. In anderen Gegenden, etwa mit sandigem Boden, steht hingegen nur wenig Wasser zur Verfügung. Dort kommen natürlicherweise nur Pflanzen vor, denen längere Trockenzeiten nichts ausmachen.

Anders ist die Situation in deinem Garten: Du wählst deine Pflanzen ja meist nicht danach aus, wie viel Wasser im Gartenboden natürlicherweise enthalten ist, sondern nach deinen persönlichen Vorlieben. Darum musst du regelmäßig gießen, um den Pflanzen so viel Wasser zu geben, wie sie von Natur aus auch benötigen.

RICHTIG GIESSEN IM GARTEN

Die Pflanzen mit Wasser zu versorgen, gehört zu deinen regelmäßigen Aufgaben im Garten. An heißen Tagen musst du viel gießen, an Regentagen und im Winter nicht. Achte darauf, dass das Wasser nicht zu kalt und nicht zu heiß ist, damit die Pflanzen keinen Schock bekommen.

Wann? Am besten ist es für die Pflanzen, wenn du morgens gießt. Mittags, wenn die Sonne hoch am Himmel steht, verdunstet das meiste Wasser; zudem wirken Wassertropfen auf den Blättern wie Brenngläser – sie können die Blätter verbrennen. Abends ist es ebenso ungünstig, denn wenn die Blätter über Nacht nicht abtrocknen, können sich Pilzkrankheiten ausbreiten. Außerdem bevorzugen Schnecken feuchte Pflanzen.

Wie? Mit Gießkanne oder Gartenschlauch wässerst du gründlich den Boden um die Pflanzen, achte darauf, dass du nicht über die Blätter gießt.

Wie viel? Das hängt vom Wetter und von den jeweiligen Pflanzen ab. Beobachte die Pflanzen und achte zum Beispiel auf welk herabhängende Stängel und Blätter – dies ist ein Zeichen für großen Durst - besser du gießt schon früher.

RICHTIG GIESSEN IM TOPF

Die meisten Pflanzen fühlen sich wohl, wenn die Erde immer leicht feucht ist. Sie darf weder trocken noch klatschnass sein.

Notfall 1: Die Blumenerde ist ganz trocken! Fülle einen Eimer halbvoll mit Wasser und stelle den Blumentopf so lange in das Wasser, bis keine Luftblasen mehr aus der Erde aufsteigen. Dann herausnehmen und überschüssiges Wasser ablaufen lassen.

Notfall 2: Die Erde im Blumentopf ist völlig nass! Staunässe bringt die meisten Pflanzen um, sie ist viel gefährlicher als Trockenheit. Hole am besten die Wurzel aus der Erde und pflanze sie in einen neuen Topf mit frischer Erde. Zukünftig darfst du nicht mehr so viel gießen.

TIPP! Das beste Wasser für Pflanzen ist Regenwasser, denn es ist weich.

RICHTIG DÜNGEN

Im Garten düngst du die Pflanzen einmal im Frühling, indem du den Boden mit Kompost versorgst – das reicht den meisten Pflanzen fürs ganze Jahr (siehe Seite 38/39).

Pflanzen im Topf auf Balkon und Terrasse kannst du mit Düngestäbchen düngen, die du direkt in die Erde steckst, mit festem Langzeitdünger, den du mit einer alten Gabel in die Erde einarbeitest, oder mit Flüssigdünger, den du ins Gießwasser gibst. Wie viel und wie oft du düngst, steht auf der Düngerpackung.

TIPP! Egal, ob im Garten oder bei Topfpflanzen: Gedüngt wird nur von April bis Ende Juli! Düngst du die Pflanzen nach Mitte August, schwächt sie das für den bevorstehenden Winter.

GÄRTNERN FÜR FORTGESCHRITTENE

MASTER-GÄRTNERN

Nun weißt du das Wichtigste beim Gärtnern und kannst in das nächste Level einsteigen. Los geht's beim Boden!

DER BODEN ...

ist Herz und Darm des Gartens. Die Erde gibt den Pflanzen nämlich nicht nur Halt, damit sie nicht umfallen, und versorgt sie mit Wasser und Nährstoffen – nein, der Erdboden ist wie ein lebendiges Wesen. Und wenn dieses Wesen gesund ist, sind auch die Pflanzen gesund. Guter Boden duftet – er darf nicht stinken!

VERSCHIEDENE BÖDEN

In jeder Region gibt es einen anderen Boden, in manchen ist er sandig, in anderen lehmig oder tonig. Mit einem kleinen Experiment findest du heraus, welchen Boden dein Garten hat.

Nimm eine kleine Portion Boden, feuchte sie mit etwas Wasser an und reibe sie zwischen Daumen und Zeigefinger. Wie fühlt sich der Boden an? Lässt er sich zu einer Kugel formen? Welche Farbe hat er? Was fällt noch auf?

- rau, nicht formbar, meist hell, bleibt nicht an Fingern kleben: Sandboden
- noch rau, etwas formbar, bleibt etwas an den Fingern kleben: sandiger Lehmboden
- eher weich, gut formbar, bleibt an den Fingern kleben: Lehmboden*
- Nach dem Zerreiben bleibt auf den Fingern eine glatte, glänzende Reibefläche zurück, sehr gut formbar, bleibt an den Fingern kleben: Tonboden.

* = der beste Gartenboden!

SO BEREITEST DU DEN BODEN IN DEN BEETEN VOR

Wann? Im Frühling

1. Lockere den Boden mit einer Harke.
2. Nur bei tonigem Boden: Verteile Quarzsand auf dem Boden und arbeite ihn mit der Harke ein.
3. Verteile 3 Liter Kompost pro Quadratmeter und arbeite ihn mit der Harke ein.
4. Säen, pflanzen oder Gründüngungspflanze Bienenfreund einsäen.

GUTES FÜR DEN BODEN TUN

Wenn du dich in der freien Natur umschaust, wirst du kaum ein Stück offenen Boden entdecken. Denn dort, wo offener Boden ist, keimen sofort Wildpflanzen und bedecken ihn. Das ist gut so, denn Sonne, Wind und Regen schaden dem Boden. Möchtest du im Garten keine Wildpflanzen, dann bedecke überall den offenen Boden mit einer etwa 3 cm dicken Schicht aus organischen Materialien – auf den Beeten, unter Sträuchern, zwischen Büschen. Man nennt das Mulchen.

ERDE FÜR DIE TOPFPFLANZEN: BLUMENERDE

Im Gartencenter findest du eine große Auswahl an verschiedensten Blumenerden. Achte darauf, dass die Erde torffrei ist. Torf ist für die meisten Pflanzen nicht gut. Außerdem werden die ökologisch und für den Klimaschutz wichtigen Moore durch Torfabbau zerstört. Gute Blumenerde ist hellbraun (nicht schwarz wie Torf!).

- **für Zimmerpflanzen:** Blumenerde verwenden
- **für Balkonpflanzen:** Blumenerde verwenden, mit Quarzsand und Hornspänen mischen
- **für Bäume, Büsche und Sträucher in Töpfen:** Mischung aus Gartenerde, Kompost und etwas Sand, fertig gemischt zum Beispiel als Dachgartenerde
- **Für Orchideen, Kakteen, Azaleen und Rhododendron** gibt es spezielle Erdmischungen, die du wählen solltest.

MATERIALIEN ZUM MULCHEN

- angetrockneter Rasen- und Blumenwiesenschnitt
- frische Gemüse-, Kräuter-, Blumen- und andere Pflanzenreste
- Brennnesseln (beim Ernten Gartenhandschuhe tragen)
- Herbstlaub
- Stroh
- Rindenmulch, aber nur bei Beerensträuchern, Bäumen Büschen

AUS ALT MACH NEU: KOMPOST

Gärtnerinnen und Gärtner nennen den Kompost „schwarzes Gold" – denn für die Pflanzen ist Kompost die allerbeste Nahrung.

Außer Kompost brauchen sie nur noch Wasser und Licht – mehr nicht. Und das Tollste: Du kannst Kompost ganz einfach aus Gemüseabfällen selbst herstellen, im Garten und auch auf dem Balkon.

WIE ENTSTEHT KOMPOST?

Im Kompost leben Milliarden winziger Helfer, die Mikroorganismen, die du nicht mit bloßem Auge sehen kannst. Sie zersetzen die Pflanzenreste und verwandeln sie in dunkelbraunen Kompost, der nach Erde duftet. Kompost enthält genau die Nährstoffe, die die Pflanzen zum Leben brauchen.

AHA!

Kompost ist ein ganz natürlicher Prozess, den du zum Beispiel jedes Jahr im Wald beobachten kannst: Im Herbst fallen alle Laubblätter auf den Boden – doch schon im nächsten Sommer sind alle verschwunden. Wohin? Dieselben Mikroorganismen, die auch im Kompost leben, haben sie zersetzt und in Nährstoffe für die Pflanzen umgewandelt.

SO MACHST DU KOMPOST IM GARTEN

Du brauchst ein großes Gefäß – im Garten ein viereckiges Gerüst aus Latten ohne Boden, das direkt auf den blanken Erdboden gestellt wird.

Nun wird der Kompost geschichtet: zuunterst eine Lage aus groben Ästen und Zweigen, darauf kommen zwei Handvoll Kompost oder Gartenerde (wegen der winzigen Helfer); für die nächste Lage mischst du Pflanzenreste aus dem Garten mit pflanzlichen Küchenabfällen (siehe Liste) – auf jede etwa handhohe, locker geschichtete Lage verteilst du zwei Handvoll Kompost oder Gartenerde sowie holzige Ast- und Zweigstücke.

Gießen.

Nun arbeiten die Mikroorganismen. Weil sie es feucht mögen, musst du den Komposthaufen bei Trockenheit gießen.

DARF DAS AUF DEN KOMPOST?

Ja!

- Äste und Zweige, gehäckselt, Reisig
- Falllaub
- abgeschnittene Blüten, auch Schnittblumen aus der Vase
- alle Pflanzenreste, auch mit Läusen
- Obst und andere Früchte
- alte Erde von Blumentöpfen, -kästen und -kübeln
- Mist von Meerschweinchen, Kaninchen und anderen Kleintieren
- Gemüse- und Obstreste (auch wenige Bananen-, Orangen- und Zitronenschalen)
- Eierschalen (zerdrücken)
- Kaffee- und Teefilter

Nein!

- dicke Holzstücke
- kranke Pflanzen
- Blech und Metall
- Kunstdruck- und Zeitschriftenpapier
- Glas
- Gummi
- Kohlenasche
- Plastik und Kunststoffe
- Steine
- Straßenkehricht
- Fleischreste
- Knochen
- verdorbene Lebensmittel (z.B. verschimmeltes Brot)
- gekochte Reste von Kartoffeln, Nudeln, Reis

SO VERWENDEST DU DEN KOMPOST IM GARTEN

Im kommenden Frühjahr ist der Kompost vom Vorjahr fertig. Nun wird er gesiebt – die groben Teile kommen wieder auf den Kompost, den feinen Kompost verteilst du auf den Beeten und arbeitest ihn mit der Harke in den Boden ein: 3 Liter Kompost auf einer Fläche von 1 x 1 Meter. In 3 Liter Kompost ist dieselbe Menge an Nährstoffen wie in 100 g Volldünger oder organischem Dünger. Diese Düngermenge reicht für das ganze Jahr!

AUS 1 MACH 2, 3 ODER 4 – PFLANZEN VERMEHREN

Eine einfache Art, wie du mit Samen neue Pflanzen heranziehst, hast du schon ausprobiert. Es gibt aber noch andere Methoden, mit denen du Pflanzen vermehren kannst.

ABLEGER

Bei den Erdbeeren hast du Ableger kennengelernt. Sie sehen aus wie die Mutterpflanze in klein – und das sind sie auch, kleine Pflanzenkinder, von der Mutter geboren. Nicht nur Erdbeeren bilden Ableger, auch andere Pflanzen wie Kakteen, Bromelien und Grünlilien tun dies.

Wenn der Ableger einige Blätter gebildet hat, kannst du ihn mit einem scharfen Messer abschneiden – und zwar so nah wie möglich an der Mutterpflanze. Dann setzt du den Ableger in einen mit Aussaaterde gefüllten Blumentopf. Stell das Töpfchen an einen hellen Platz, der aber nicht direkt von der Sonne beschienen wird – und gieße die erste Zeit vorsichtig. Die Erde muss leicht feucht sein, darf aber nicht nass sein – sonst faulen die zarten Wurzeln.

STECKLINGE

Geranien, Fleißige Lieschen, Oleander (giftig!) und viele andere Pflanzen kannst du über Stecklinge vermehren – du schneidest im Frühjahr oder Herbst einen jungen, etwa 10 cm langen Trieb mit fünf oder sechs Blättern ab und steckst ihn in Wasser oder Erde.

Im Wasserglas: Entferne von dem frisch geschnittenen Steckling die untersten Blätter, auch Knospen und Blüten – dann stellst du ihn in ein mit frischem Wasser gefülltes Glas. Am hellen Platz ohne direkte Sonneneinstrahlung bilden sich innerhalb der nächsten Woche feine Wurzeln.

Nach etwa 2 bis 3 Wochen pflanzt du den Steckling in Erde ein, gut angießen, dann kannst du dich an der neuen Pflanze erfreuen.

Direkt in die Erde: Den frisch abgeschnittenen Trieb kannst du auch direkt in feuchte Erde stecken. Nimm aber auf jeden Fall eine nährstoffarme Aussaaterde, damit die neu gebildeten feinen Wurzeln nicht von den Düngersalzen verbrannt werden. Noch besser ist es, wenn du unter die Aussaaterde etwas Quarzsand mischst. Dann stülpe eine durchsichtige halbierte PET-Flasche oder Plastiktüte über Topf und Steckling und stelle alles an einen hellen Platz ohne direkte Sonneneinstrahlung. Wenn die Pflanze nach ein paar Wochen neue Triebe bildet und wächst, ist das für dich das Zeichen, dass die Pflanze neue Wurzeln gebildet hat und von ihnen versorgt wird. Nun kannst du die PET-Flasche oder Plastiktüte entfernen.

MEIN LIEBLINGSGEMÜSE IN DER KISTE

In einer Holzkiste – oder auf deinem Beet – gedeiht dein Lieblingsgemüse, dass du jederzeit frisch gepflückt vernaschen kannst.

Du brauchst dazu nur eine große Kiste aus Holzlatten, wie sie für Äpfel oder Weinflaschen verwendet wird. Diese Kiste stellst du an einen hellen Platz auf den Balkon, die Terrasse, in den Hinterhof oder vors Haus, du kannst auch zwei Kanthölzer unterlegen. Dann breitest du in der Kiste eine Folie aus, zum Beispiel eine XXL-Plastiktüte aus dem Möbelhaus oder einen Müllsack.

SO BEREITEST DU DIE KISTE FÜR DAS GEMÜSE VOR:

Zuerst füllst du 5 cm Kies als Dränage ein. Darauf kommt eine 5 cm hohe Schicht mit klein geschnittenen Ästen und Zweigen. Dann füllst du die Kiste bis zur Hälfte mit einer Mischung aus Laub, Stroh und Grünabfällen aus der Küche, darauf gibst du dann bis etwa 3 cm unterhalb des Kistenrands torffreie Blumen-, Pflanz- oder Gartenerde.

TIPP! Du kannst die Kiste auch bunt bemalen, nimm am besten Acrylfarbe dazu.

GEMÜSE SÄEN ODER PFLANZEN:

Nun kannst du dein Lieblingsgemüse in Reihen aussäen – halte dich einfach an die Anleitung auf den Samentütchen – oder pflanze Jungpflanzen, selbst gezogene (siehe Seite 40/41) oder vom Gartencenter oder Markt, in die Erde, ebenfalls in Reihen. Sofort gießen nicht vergessen!

Lieblingsgemüse-Kombis für eine Kiste:

- Kohlrabi, Möhren, Radieschen, Zuckererbsen
- Buschbohnen, Erdbeeren, Kapuzinerkresse, Rote Bete
- Möhren, Zucchini, Frühlingszwiebeln
- Möhren, Spinat, Rucola

Zwischen die Gemüsereihen steckst du ein paar Knoblauchzehen 2,5 cm tief in die Erde und säst bunte Wildblumen aus: Wenn du dazu eine Samenmischung mit essbaren Blüten wie Borretsch, Kapuzinerkresse, Kornblumen und Ringelblumen wählst, kannst du sogar die Blüten verspeisen.

TIPP! Magst du gern Feldsalat? Dann säe im Herbst Feldsalat in deine Gemüse-Kiste, den du den ganzen Winter über ernten kannst.

KOHLRABI-POMMES

REZEPT

Du brauchst:

- Kohlrabi
- Schüssel mit Sonnenblumenöl
- Pommes-Gewürz
- Backblech mit Backpapier

SO GEHT ES: Schneide den Kohlrabi in 1 cm dicke Scheiben und dann jede Scheibe in 1 cm breite Streifen. Mische die Streifen in einer Schüssel mit etwas Sonnenblumenöl und Pommes-Gewürz (oder Paprikapulver und Salz), breite sie dann auf einem mit Backpapier ausgelegten Backblech oder Auflaufform aus und backe sie 25 Minuten lang bei 180 °C (Umluft).

MINI-BLÜTEN- UND KRÄUTERBEET

Kräuter und essbare Blüten sehen nicht nur hübsch aus und verströmen an sonnigen Tagen einen herrlichen Duft in deinem Gärtchen – sie schmecken auch gut und verfeinern salzige und süße Speisen!

IM GARTEN

Kräuter und Blüten entfalten den besten Geschmack und das intensivste Aroma an einem sonnendurchströmten Platz. Einen solchen wählst du für dein Blüten- und Kräuterbeet. Da die meisten Kräuter auf eher nährstoffarmen Böden gedeihen, brauchst du das Erdreich nicht besonders vorzubereiten – lockere die Erde mit der Harke und glätte sie vor dem Säen und Pflanzen. Gründlich gießen nicht vergessen!

IN TÖPFEN

Fülle zunächst in das Pflanzgefäß eine Schicht aus etwa 2 cm Kies oder Blähton ein. Dort sammelt sich überschüssiges Gießwasser, damit die Wurzeln der Kräuter und Blumen nicht im Wasser stehen. Danach füllst du den Topf mit Pflanzerde, in die du die gewünschten Kräuter und Blumen säst oder pflanzt. Gut angießen und die Erde stets feucht halten.

EINE KLEINE AUSWAHL AN KRÄUTERN UND BLÜTEN FÜR DEIN BEET

Scharf und mild: Kapuzinerkresse, Ringelblume, Petersilie, Salbei, Stiefmütterchen

Kräuterblüten zum Essen: Borretsch, Gänseblümchen, Kapuzinerkresse, Lavendel, Minzen, Ringelblumen, Schnittlauch, Ysop

Essbare Zierblumen: Begonien, Chrysanthemen, Herbstastern, Hornveilchen, Kornblume, Kosmeen, Stiefmütterchen

Eistee- und Sirup-Kräuter: Zitronenmelisse, Ananasminze, Apfelminze, Pfefferminze, Zitronenverbene

Wilde Wildkräuter: Frauenmantel, Johanniskraut, Wilde Malve, Taubnessel, Wohlriechendes Veilchen

Rosmarin
Minze
Salbei
Zitronen-
Melisse

DIE BESTEN KRÄUTER

Diese Kräuter peppen viele Gerichte auf. Darum sollten sie in deinem Kräutereckchen im Garten, auf dem Balkon und der Terrasse nicht fehlen! Weil viele Kräuter Blüten voller Nektar und Pollen besitzen, locken sie auch jede Menge Bienen, Hummeln und Schmetterlinge an.

Lecker auf Brot

SCHNITTLAUCH

Allium schoenoprasum

20 – 30 cm hoch

blüht von Mai bis August

Pflegeleicht, regelmäßig gießen, alle drei Jahre Pflanze in der Mitte teilen und neu in frische Erde einpflanzen oder eintopfen.

Grüne Stängel das ganze Jahr über ernten, am besten mit der Schere abschneiden und zerkleinern, auch die Blüten sind essbar, schmecken noch etwas schärfer.

TIPP: Säe Möhren zum Schnittlauch!

PETERSILIE

Petroselinum crispum

bis zu 20 cm hoch

blüht im Juli im zweiten Jahr

Pflegeleicht, jedes Jahr im März frisch aussäen, dann etwas Geduld haben, denn die Samen keimen erst nach bis zu 6 Wochen. Gehört zu den wenigen Kräutern, die nicht so viel Sonne wünschen – ihm genügen ein paar Stunden Sonne morgens oder abends.

Den ganzen Sommer über glatte oder krause Blätter ernten.

BASILIKUM

Ocimum basilicum

wird 20 – 60 cm hoch

blüht von März bis August

Pflegeleicht, braucht aber viel Wärme, darum jedes Jahr im März auf der Fensterbank aussäen, ab Mai an einen warmen, windgeschützten Platz im Freien stellen; achte beim Gießen darauf, dass die Blätter nicht nass werden, wächst am besten allein.

Fortlaufend kannst du Basilikum ernten, schneide dazu stets ganze Triebe mit Blättern ab.

Tipp: Es gibt auch Basilikumsorten mit leichtem Anis-, Limetten- oder Zitronengeschmack.

THYMIAN

Thymus vulgaris

wird bis zu 10 cm hoch

blüht ab Mai

Pflegeleicht, kleiner Zwergstrauch für sonnig-heiße Plätze, Bienen lieben die Blüten.

Das ganze Jahr über beblätterte Triebe ernten, auch mit den Blüten.

ROSMARIN

Rosmarinus officinalis

bis zu 150 cm hoch

März bis August

Pflegeleicht, mag es trocken, darum nicht zu viel gießen, lockt Unmengen Bienen an.

Das ganze Jahr über ernten, ganze Triebe abschneiden und trocknen geht auch.

TIPP: Stelle den Rosmarin an den sonnig-heißesten Platz im Garten, auf Balkon und Terrasse.

GARTENKRESSE

Lepidium sativum

wird bis zu 4 cm hoch

blüht von Juni bis August

Pflegeleicht, kann das ganze Jahr über auf einem feuchten Küchenkrepp oder in einer flachen feuchten Tonschale ausgesät werden.

Fortlaufend die zarten Stängel mit Blättchen mit einem scharfen Messer oder Schere abschneiden

TIPP: Mach doch mal ein Kressetierchen! Dazu formst du aus feuchtem Ton eine zwei faustgroße Tierfigur. Auf dem feuchten Ton drückst du die Kressesamen fest. Ton immer gut feucht halten. Nach wenigen Tagen keimen die Samen und verwandeln die Tonfigur in ein grünes Tierchen.

...mmmh!

MEIN PIZZABEET

Pizza, Nudeln mit Tomatensauce, Spaghetti Bolognese und Pommes mit Ketchup gehören eindeutig zu den beliebtesten Gerichten. Dann ist das Pizzabeet genau dein Ding!

Tomaten sind das wichtigste Gemüse im Pizzabeet, du kannst sie auch einfach pflücken und naschen, aber nur rote Früchte! Wenn sie noch grün sind, lege sie ans Fenster – dort reifen sie nach und werden rot und süß.

Fülle einen großen Blumentopf oder Blumenkübel halbvoll mit Blumen- oder Pflanzerde, dann gibst du reichlich Hornspäne auf die Erde und setzt – je nach Platz – ein bis drei Tomatenjungpflänzchen darauf; Erde bis 2 cm unterhalb des Topfrandes auffüllen und Wurzeln gut festdrücken, dann eventuell noch etwas Erde in die Lücken um den Wurzelballen nachfüllen. Dann steckst du neben jede Pflanze einen 1,5 m langen Bambus- oder Pflanzstab und bindest die Tomatenpflanze mit Bast daran fest. Gründlich gießen!

GANZ WICHTIG!

Tomaten brauchen einen sonnig-warmen, luftigen Platz mit Regenschutz – wähle darum ein Beet direkt an der sonnigen Hauswand. Dorthin stellst du auch die Tomatentöpfe.

TOMATENPFLEGE

Tomaten sind wasserscheu – ihre Wurzeln brauchen zwar täglich (!) Wasser, aber die restliche Pflanze mit den Blättern will trocken bleiben. Deshalb gießt du nur die Erde und öffnest bei Regen einen ausgedienten Regenschirm über der ganzen Pflanze.

Dann gibt es noch zwei Dinge zu tun: Binde regelmäßig die neu gewachsenen Triebe mit Bast am Stab fest – und entferne alle Seiten- und Nebentriebe, die zwischen dem Hauptstängel und den Blütentrieben wachsen, man nennt das Ausgeizen. (Gärtner und Gärtnerinnen sind geizig, denn sie gönnen der Pflanze kein Grünzeug und wollen, dass die ganze Kraft der Pflanze in die Tomaten geht.)

NOCH MEHR FÜR DIE PIZZA

Auf dem Boden rund um die Tomatenpflanzen oder – besser – in einem eigenen Topf wachsen dann die Kräuter, die du für Pizza und Pasta noch brauchst: Oregano, Basilikum und Knoblauch.

OREGANO

Origanum vulgare

wird 40 – 50 cm hoch

blüht von Juli bis September

- Pflegeleicht, recht robust, je wärmer und sonniger, umso intensiver ist der Geschmack, nicht zu feucht halten, mag es lieber trockener.
- Den ganzen Sommer über frische Triebe mit Blättern und Blüten ernten.

TIPP: Zusammen mit Salbei (siehe Seite 87), Rosmarin und Thymian pflanzen!

REZEPT

TOMATEN-KETCHUP

Du brauchst:

- 1 kg reife Tomaten
- 1 Zwiebel
- 50 g Zucker,
- 50 ml Essig
- Salz, Pfeffer

SO GEHT ES: Von 1 kg weichen, reifen Tomaten entfernst du die Haut (einschneiden und abziehen), dann kleinschneiden und in einem Topf mit einer kleingeschnittenen Zwiebel etwa 30 Minuten bei geringer Hitze köcheln lassen (damit es nicht spritzt, Deckel auf den Topf!). Dann Ketchup pürieren, mit 50 g Zucker, Salz, Pfeffer und 50 ml Essig würzen – und schließlich weitere 2 bis 3 Stunden bei geringer Hitze einkochen, damit der Ketchup fest wird. Nochmals mit Salz und Zucker nachwürzen und in eine saubere, mit heißem Wasser ausgespülte Flasche füllen.

MEIN MITTELALTERBEET

Mit deinem Mittelalterbeet machst du eine Zeitreise zurück in die Zeit der Ritter: Damals wurden Spargel, Karotten, Sellerie, Erbsen, Pastinaken und viele Kohlgerichte serviert, denn die aus Amerika stammenden Gemüse (siehe S. 52) waren damals bei uns noch nicht bekannt.

Im Frühjahr bereitest du dein Beet vor: Du bearbeitest die Erde mit der Harke kreuz und quer, bis der Boden ganz feinkrümelig ist. Dann holst du dir etwas Kompost – du brauchst für die Fläche von 1 x 1 Meter ungefähr 3 Liter Kompost, mehr nicht (siehe Seite 39). Auch den Kompost mischst du mit der Harke gut unter den Erdboden und ziehst zuletzt die Erde mit der Harke ganz glatt.

Damit das Beet ordentlich ist wie früher, ziehst du kerzengerade Reihen, in denen die Gemüse wachsen sollen. Dazu steckst du am Anfang und Ende der ersten Reihe einen kurzen Ast in die Erde und spannst dazwischen eine Schnur aus, fahre mit dem Harkenstiel die Schnur entlang, sodass du im Boden eine Rille erhältst. Die zweite Reihe hat einen Abstand von 30 cm zur ersten – wiederhole dort das Markieren so lange, bis du mehrere Reihen hast.

- 1 Reihe Karotten
- 1 Reihe Löwenzahn
- 1 Reihe Kohlrabi
- 1 Reihe Rot- oder Weißkohl
- 1 Reihe Mark- oder Zuckererbsen
- 1 Reihe Rote Bete
- 1 Reihe Mangold
- 1 Reihe Pastinaken

Ab Mitte April stecken:

- 1 Reihe Zwiebeln

Ab Mitte Mai wird gepflanzt, Jungpflanzen besorgst du dir im Pflanzenmarkt:

- 1 Reihe Sellerie

Nach dem Aussäen und Pflanzen gießen – und dann täglich nach deinem Gemüse schauen. Regelmäßig gießen, sodass der Boden immer gut feucht ist. Und schon bald beginnt das Ernten für die ersten Rittergerichte:

Möhren: sobald Möhren sichtbar werden aus der Erde ziehen, roh oder gekocht

Löwenzahn: nur junge Blätter für Salat und spinatähnliches Gemüse

Kohlrabi: 5 bis 10 cm große Knollen ernten, roh oder gekocht als Gemüse

Rot- oder Weißkohl: ab Juni ernten für Salat und Gemüse

Mark- oder Zuckererbsen: Hülsen etwa 2 Monate nach der Aussaat ernten

Rote Bete: 6 cm große Knollen ernten, roh oder gekocht, die Blätter als Salat verspeisen

Mangold: 10 Wochen nach der Aussaat ernten für spinatähnliches Gemüse, Stiele und Blätter sind essbar

Pastinaken: Wurzeln ab Oktober aus dem Boden ziehen, als Gemüse und kartoffelähnliche Beilage

Zwiebeln: wenn das Laub braun ist, Zwiebeln aus dem Boden ziehen

Sellerie: ab Oktober Knollen ernten

MITTELALTER IM TOPF

Du kannst die Gemüse auch gut in einem großen Blumentopf oder Blumenkasten ziehen. Gute Kombinationen sind:

- Möhren – Erbsen – Zwiebeln – Petersilie
- Erbsen – Kohlrabi – Möhren
- Mangold – Kohl – Möhren
- Kohl – Sellerie – Erbsen
- Rote Bete – Kohlrabi

REZEPT

RITTER-EINTOPF

Du brauchst:

- 3 Möhren
- 1 Rote Bete
- ¼ Knollensellerie
- 1 kleinen Weißkohl
- 2 Pastinaken
- 3 Zwiebeln
- Öl, 1 Liter Gemüse- oder Fleischbrühe
- Petersilie, Salz, Pfeffer

SO GEHT ES: Schneide zuerst 3 Möhren, 1 Rote Bete, ¼ Knollensellerie und 1 kleinen Weißkohl sowie 2 Pastinaken in kleine Würfel. Schneide dann 3 Zwiebeln in kleine Würfel und brate sie in Öl solange an, bis sie glasig sind. Dann gibst du das klein geschnittene Gemüse dazu und brätst es mit an. Fülle mit 1 Liter Gemüse- oder Fleischbrühe auf und lass alles etwa 20 Minuten lang bei kleiner Hitze köcheln. Mit Salz und etwas Pfeffer – Pfeffer war im Mittelalter ein teures Gewürz, das sich nur die reichsten Menschen leisten konnten – würzen und mit klein gehackter Petersilie bestreuen. Wenn du magst, kannst du auch 1 Becher Schmand oder saure Sahne unterrühren.

MEIN MEXIKOBEET

Erst Ende des 16. Jahrhunderts erfuhren die Menschen in Europa, dass es auf der anderen Seite des weiten Atlantischen Ozeans einen großen Kontinent gab: Amerika. Dort lebten verschiedene indigene Völker.

Sie bauten Gemüse an, die den europäischen Seefahrern damals völlig unbekannt waren: Mais, Bohnen, Kartoffeln, Paprika, Sonnenblumenkerne und Tomaten.

Möchtest du dich ernähren wie sie? Dann bereite den Boden in deinem Beet vor, wie auf Seite 17 beschrieben. Dann kannst du säen:

März: Kartoffeln: Vorkeimen lassen, ab Mitte April ins Freiland pflanzen (siehe Seite 24).

Anfang Mai: Zucker- oder Polentamais: Für den Mais benötigst du keine Stangen oder Rankgerüst, stecke je 2 bis 3 Maiskörner 5 cm tief in die Erde, halte zwischen den Pflanzen 10 cm Abstand. Ausreichend gießen und zweimal mit organischem Dünger nachdüngen. Geerntet wird, wenn die „Bärte“ braun werden, also etwa ab August.

Anfang Mai: Amarant: gehört seit fast 9000 Jahren zu den Hauptnahrungsmitteln in Mittel- und Südamerika. Saatgut aussäen, ausreichend gießen. Geerntet werden die Blätter für spinatähnliches Gemüse, die hirseähnlichen Samen im Herbst für Breie, Bratlinge, Aufläufe, Eintöpfe.

Mitte Mai: Buschbohnen und Stangenbohnen: Je 4–6 Bohnen alle 40 cm in einer Reihe in den Boden stecken (etwa 2 bis 3 cm tief), ausreichend gießen. Stangenbohnen benötigen ein Rankgerüst oder Bohnenstangen, die du zuerst in den Boden rammst und dann 4 bis 6 Bohnen um jede Stange in den Boden steckst. Von Juli bis September kannst du täglich die Bohnenhülsen ernten.

Mitte Mai: Tomaten-Jungpflanzen in den Boden pflanzen, an Pflanz- oder Bambusstab binden und gut gießen (siehe Seite 48). Rote Tomaten täglich ernten!

IM TOPF

Du kannst die Gemüse und Kräuter auch in großen Pflanzgefäßen wie Kübel oder Kasten anbauen. Diese Pflanzen passen gut zusammen in einen Topf:

Stangenbohnen – Bohnenkraut – Kartoffeln

Tomaten – Buschbohnen

Mais – Stangenbohnen*

*Die Urvölker legten Maiskörner und Bohnen zusammen in die Erde. Wenn dann der Mais hochwuchs, benutzten die Triebe der Stangenbohnen die Maishalme als Bohnenstange.

DIE BESTEN GEMÜSE

Diese Gemüse gehören zusammen mit Tomaten (siehe Seite 48) zu den beliebtesten, und sie wachsen in deinem Gärtchen. Du kannst sie zusammen pflanzen, denn sie mögen sich.

ZUCCHINI

Cucurbita pepo var. cylindrica

Braucht einen großen Topf und im Garten viel Platz! Braucht einen sonnig-warmen Platz in nährstoffreicher Erde!

Pflegeleicht, im April in Schalen aussäen, ab Mitte Mai ins Freie pflanzen, ideal neben dem Komposthaufen, reichlich gießen, sonst werden die Zucchini bitter.

Ernte junge Zucchini; abschneiden, wenn sie 10 bis 20 cm lang sind.

Tipp! Auch die Blüten sind essbar.

MÖHREN

Daucus carota

Pflegeleicht, von April bis Juni in Reihen aussäen, gleichmäßig feucht halten.

Ernte 8 bis 10 Wochen nach der Aussaat. Zum Lagern Karotten an einem dunklen, kühlen Platz in Sand einlegen.

ERBSEN

Pisum sativum

Mark- und Zuckererbsen sind am süßesten!

Pflegeleicht, ab März an einen sonnigen Platz in 4 cm tiefe Rillen aussäen, ausreichend gießen, bei rankenden Erbsen zu den Pflanzen verzweigte Äste als Rankhilfe in den Boden stecken.

Ernte etwa 8 Wochen nach der Aussaat.

RADIESCHEN

Raphanus sativus

Knollen mit scharfem Geschmack!

Pflegeleicht, von März bis August direkt in Beet oder Kasten aussäen (in 1 cm tiefe Rillen), ausreichend gießen.

Ernte 4 bis 8 Wochen nach dem Aussäen, wenn die Knollen aus dem Boden herausschauen.

Tipp! Ernte alle reifen Radieschen und belasse sie nicht im Boden, wo sie hart und holzig werden.

SALAT

Lactuca sativa var. capitata

Neben **Kopfsalat** gibt es noch **Pflück- und Schnittsalate**, bei denen du nicht den ganzen Kopf erntest, sondern einzelne Blätter portionsweise abschneidest.

Pflegeleicht, ab Ende Februar in der Schale aussäen, ab März bis August im Freien pflanzen oder ab April direkt im Freien aussäen, regelmäßig gießen.

Ernte 8 bis 10 Wochen nach der Aussaat.

Tipp! Auf Schnecken achten! Evtl. Salate durch einen breiten Streifen Sägespäne vor Schnecken schützen. (siehe Seite 63) Wenn du noch Platz hast, säe Bohnen dazu.

XXL-RIESENKÜRBIS

Cucurbita pepo

Die größten Kürbisse werden größer als ein Basketball und wiegen 25 bis 30 kg! Solch eine Pflanze braucht natürlich viel Platz und reichlich Nährstoffe, ideal neben dem Komposthaufen!

Pflegeleicht, Mai bis Juni im Freien je 2 bis 3 Samen 2 bis 3 cm tief aussäen, reichlich gießen und nachdüngen.

Ernte etwa 4 Monate nach der Aussaat.

Tipp! Lecker sind Hokkaido- und Butternuss-Kürbis, Riesenkürbis zum süßsauer Einlegen, Zier- und Flaschenkürbisse mit interessanten Formen und Farben.

MEIN BEERENGÄRTCHEN

Himbeeren, Johannisbeeren, Brombeeren, Heidelbeeren – keine Frage, Beeren sind das köstlichste Obst und es wächst in deinem Gärtchen. Auf diesen Seiten geht es um die verschiedenen Beeren, die an Sträuchern wachsen.

TIPP! Alle Beerensträucher gedeihen sowohl im Garten als auch auf Balkon und Terrasse. Für den Garten besorgst du dir buschförmig wachsende Beerensträucher, für die Kultur im großen Pflanzkübel wählst du besser Hochstämmchen. Hochstämmchen werden keine 1,5 m hoch, sehen aber wie kleine Bäume mit einem dünnen Stamm aus – sie brauchen weniger Platz als Beerenbüsche.

WICHTIG!

Im Kübel füllst du zunächst etwa 5 cm Blähton oder Kies als Dränage ein, darauf kommt dann die Pflanzerde!

HIMBEEREN

Es gibt Sommer- und Herbsthimbeeren – wähle Herbsthimbeeren, denn sie brauchen kein Rankgerüst und sind viel leichter anzubauen als die Sommerhimbeeren. Es gibt keine Hochstämme.

- **Pflanzen:** im Frühjahr Boden mit Kompost düngen (siehe Seite 38/39), dann je drei Pflanzen pro Meter in der Reihe oder einzeln im großen Pflanzgefäß
- **Pflege:** gründlich gießen
- **Ernte:** von Ende Juli bis zu den ersten Frösten im Oktober/November
- **Nach der Ernte:** Alle Ruten – so nennt man die Triebe – direkt über dem Boden abschneiden.

DREISCHICHT-HIMBEER-SÜSSSPEISE

REZEPT

Du brauchst:

- 150 g Löffelbiskuit
- 250 g Quark
- 250 g Naturjoghurt
- Becher Schlagsahne
- 50 g Puderzucker
- frische Himbeeren

SO GEHT ES: 150 g Löffelbiskuit zerbröseln und in eine Glasschlüssel füllen, dann 250 g Quark mit 250 g Naturjoghurt, 1 Becher geschlagene Schlagsahne und 50 g Puderzucker vermischen und auf die Biskuitbrösel schichten, zuletzt dicht mit frischen Himbeeren belegen.

ROTE UND WEISSE JOHANNISBEEREN

Schon im selben Jahr, in dem du gepflanzt hast, kannst du ernten!

- **Pflanzen:** im Herbst an einem sonnigen bis leicht schattigen Platz, im Kübel Hochstämmchen wählen, Boden um die Wurzeln mulchen (siehe Seite 37)
- **Pflege:** gründlich gießen, alle drei Jahre mit Kompost düngen
- **Ernte:** ab Juni die reifen Beeren als ganze Trauben pflücken und dann die einzelnen Beeren mit Gabel oder Fingern von den Stielen abstreifen.
- **Nach der Ernte:** Nur die sechs bis acht kräftigsten Triebe bleiben stehen, alle anderen bodennah zurückschneiden.

BROMBEEREN

Leckere süße und herbe Früchte, perfekt zum Naschen zwischendurch! Achtung: neigt zum Wuchern, viele Stacheln - es gibt auch stachellose Brombeersorten

- **Pflanzen:** im Herbst an einem sonnigen bis leicht schattigen Platz, im Kübel Hochstämmchen wählen, Boden um die Wurzeln mulchen (siehe Seite 37)
- **Pflege:** gründlich gießen, alle drei Jahre mit Kompost düngen
- **Ernte:** ab Juli die reifen Beeren ernten, bei dornigen Büschen Gartenhandschuhe tragen
- **Nach der Ernte:** Alle Ruten – so nennt man die Triebe – direkt über dem Boden abschneiden.

HEIDELBEEREN

Anders als die wilden Heidelbeeren wachsen die Kulturheidelbeeren an hüfthohen Büschen, die perfekt im Kübel auf dem Balkon gedeihen! Mit superschönen Glöckchenblüten!

Braucht einen leicht schattigen Platz!

- **Pflanzen:** immer im Kübel; wichtig: Moorbeeterde oder Rhododendronerde aus dem Gartencenter verwenden, da Heidelbeeren einen sauren Boden wünschen; auch im Garten pflanzt du die Heidelbeere in einen Kübel, den du dann im Erdboden versenkst
- **Pflege:** regelmäßig gießen, sodass die Erde immer leicht feucht ist
- **Ernte:** ab Juli
- **Nach der Ernte:** zu dicht stehende Triebe herausschneiden, im März/April frische Moorbeet- oder Rhododendronerde nachfüllen und nach der Anleitung auf der Verpackung mit Langzeitdünger für säureliebende Pflanzen düngen

NOCH MEHR OBST AUS DEINEM GÄRTCHEN

In deinem Gärtchen oder auf dem Balkon wachsen auch saftige Äpfel, süße Kirschen und allerlei mehr Früchte. Du musst gut für die Bäumchen sorgen, damit sie über den Winter kommen und im nächsten Jahr wieder blühen und fruchten.

SÄULEN- UND ZWERGOBST

Wenn du dich im Gartencenter und in Baumschulen umschaust, entdeckst du dort kleine Säulen- und Zwergbäumchen von Apfel, Birne, Quitte, Süß- und Sauerkirsche, Pflaume, Zwetschge, Mirabelle, Pfirsich, Nektarine, Aprikose und Süßmandeln. Diese Bäumchen bestehen nur aus einem Stamm mit kurzen Ästchen, aber sie stehen im Frühjahr voller Blüten und tragen erstaunlich viele Früchte! Diese Säulen- und Zwergobstbäume sind perfekt geeignet für Balkon und Terrasse oder einen anderen sonnigen Standort vor dem Haus, denn sie brauchen nur ganz wenig Platz.

TIPP! Obstbäumchen müssen jedes Jahr geschnitten werden, damit sie Früchte tragen und nicht zu groß werden. Erkundige dich beim Kauf gleich nach den richtigen Schnittmaßnahmen. Notiere sie hier:

KLEINE OBSTBÄUMCHEN PFLANZEN

Als Pflanzgefäß wählst du eine Holzkiste (zum Schutz des Holzes vor Feuchtigkeit eventuell innen mit Folie auskleiden), Pflanzsack, Grow Bag oder Plant Bag, die du zunächst mit einer etwa 5 cm hohen Schicht aus Kies oder Blähton füllst. Danach füllst du sie mit Pflanz- oder Dachgartenerde.

Vor dem Einpflanzen solltest du den Wurzelballen des Obstbäumchens eine Stunde lang in einen Kübel voller Wasser stellen, damit er sich richtig vollsaugt. Bei der Pflanzung machst du mit den Händen eine Mulde in die Pflanzerde und stellst den Wurzelballen so hinein, dass er genauso steht wie im Container. Fülle dann rundum Erde auf, die du fest an die Wurzeln drückst, und fülle in die Löcher noch weitere Erde ein, bis etwa 1 bis 2 cm unterhalb des Gefäßrandes. Nun wässerst du gründlich den Boden rund um den Stamm – so bekommen die Wurzeln eine gute Verbindung mit der Erde.

Damit das Obstbäumchen auch bei Wind einen guten Halt im Erdboden hat, steckst du eine Handbreit vom Stamm entfernt einen Stützstab (im Gartencenter erhältlich) in den Boden und befestigst den Stamm locker mit einem Kokosstrick oder einem alten Nylon-Feinstrumpf am Stab.

Stelle das Obstbäumchen an einen windgeschützten, sonnigen bis leicht schattigen Platz. Gieße es regelmäßig, damit die Erde immer gut feucht ist. Im Frühjahr düngst du die Erde mit Kompost oder Hornspänen.

WINTERSCHUTZ

Schiebe im November oder Dezember vor den ersten Nächten mit Minustemperaturen das Obstbäumchen dicht an die Hauswand. Stelle das Pflanzgefäß auf eine dicke Styroporplatte und schütze das ganze Bäumchen mit Jute-Fleece oder Schilfrohrmatten. Wenn der Winter vorbei ist oder spätestens Anfang März entfernst du den Winterschutz, belässt das Obstbäumchen aber noch an der schützenden Hauswand.

GÄRTNERN FÜR MEHR TIERE

Im Garten bilden die Pflanzen den Lebensraum für viele heimische Tiere, dazu gehören Spinnen, Bienen, Schmetterlinge und Käfer ebenso wie Igel, Kröten und viele Vögel. In diesem Kapitel erfährst du, wie du mit ungeliebten Tierchen umgehst und wie du Tiere in den Garten lockst.

PFLANZEN VOR UNGELIEBTEN „SCHÄDLINGEN" SCHÜTZEN

Ärgerst du dich auch darüber, wenn grüne oder schwarze Blattläuse dicht an dicht an Blütenstängeln sitzen oder schleimige Nacktschnecken über die frisch gesetzten Pflänzchen herfallen?

Nicht ärgern! Erstens gehören die Tiere genauso zu unserer Natur wie die beliebten Marienkäfer oder Meisen.

Zweitens haben diese „Schädlinge" auch großen Nutzen. Von Läusen ernähren sich beispielsweise nicht nur Marienkäfer, Florfliegen und Schwebfliegenlarven, sondern auch viele winzige Vogelküken. Meiseneltern sammeln mühsam die winzigen Insekten und füttern damit ihre Jungen.

Und drittens gibt es ein paar einfache Dinge, wie du die Pflanzen in deinem Gärtchen gesund erhältst. Denn gesunde Pflanzen, die sich wohlfühlen, sind viel robuster und wehren Schädlinge und Krankheiten genauso gut ab wie ein gesunder Körper!

SO HÄLTST DU DEINE PFLANZEN GESUND

- Sorge gut für den Boden! Verwende in Töpfen gute Pflanzerde und dünge deine Pflanzen nur mit organischen Düngern wie Kompost, Hornmehl und Gesteinsmehl. Verzichte auf den Einsatz von Unkrautvernichtungsmitteln und anderen „Giften".
- Pflanze nur solche Pflanzen, deren Ansprüche du auch erfüllen kannst – hast du zum Beispiel nur einen schattigen Balkon, fühlen sich hitzeliebende Kräuter wie Thymian, Rosmarin und Salbei nicht wohl. Welche Pflanzen geeignet sind, erfährst du auch durch genaue Beobachtung: Verzichte auf Pflanzen, die immer wieder von Schädlingen und Krankheiten befallen werden.
- Dünge nur so viel, wie die Pflanzen auch benötigen (siehe Seite 33). Ihnen geht es wie uns Menschen: Wenn wir zu viel essen, werden wir träge – und träge Pflanzen können Krankheiten und Schädlinge nicht abwehren.
- In der Natur gibt es (fast) keinen Boden, der nicht von Pflanzen bedeckt ist – darum bedecke offene Bodenstellen zwischen Erdbeeren oder auf deinen Pflanzgefäßen mit Kräuter-, Gemüse- und anderen Pflanzenresten oder Stroh.

WAS TUN, WENN SCHÄDLINGE UND KRANKHEITEN AUFTRETEN?

Manchmal passiert es doch, dass die Pflanzen krank werden. Dann pflegst du deine Pflanzen gesund und versorgst sie besonders sorgsam. Das hilft:

BLATTLÄUSE

Zuallererst: 1 Woche auf Marienkäfer warten - wenn sie kommen, ist das Problem gelöst

Was sonst tun? Mit einem Tuch abreiben oder Wasserstrahl abspritzen

Damit sie erst gar nicht auftreten:
Weniger düngen, Pflanze mit kaltem Tee aus Zwiebelschalen abspritzen

ECHTER MEHLTAU

Zuallererst: Befallene Blätter und Triebe abschneiden

Was danach tun? 50 ml Molke mit 160 ml Wasser mischen und die Pflanzen damit spritzen

Damit sie erst gar nicht auftreten:
Mehr Abstand zwischen den Pflanzen lassen, damit die Blätter stets gut abtrocknen können

FALSCHER MEHLTAU

Zuallererst: Kranke Blätter entfernen

Was danach tun? Nur morgens gießen

Damit sie erst gar nicht auftreten:
Weniger düngen

NACKTSCHNECKE

Zuallererst: Befallene Pflanzen in Töpfe umsetzen und hochstellen

Was danach tun? Schnecken tagsüber an Schlafplätzen (z.B. unter ausgelegten Holzbrettern) absammeln und entfernen

Damit sie erst gar nicht auftreten:
Morgens gießen und nicht abends, Boden regelmäßig glatt rechen, auch nach jedem Regen. Um gefährdete Pflanzen einen 50 cm breiten Schutzstreifen aus Sand ausstreuen, den die Schnecken nicht passieren

KOHLWEISSLINGSRAUPE

Zuallererst: Freu dich, aus Raupen entwickeln sich Schmetterlinge!

Was danach tun? Zurücklehnen, denn du teilst deine Pflanzen mit den heimischen Tieren; wenn es zu viele sind, absammeln und auf gleichen Pflanzen verteilen

Damit sie erst gar nicht auftreten:
Es gibt ein paar unerwünschte Falter, wie etwa den Apfelwickler und den Frostspanner an Obstbäumen; diese werden mit Leim- oder Wellpapperingen vor dem Befall geschützt

PROJEKT!

NÜTZLINGE ANLOCKEN

Neun von zehn Tieren in Natur und Garten sind Insekten. Sie bestäuben Blüten, verbreiten Samen, beseitigen pflanzliche und tierische Abfälle, dienen Vögeln und anderen Tieren als Nahrung und halten sich gegenseitig in Schach.

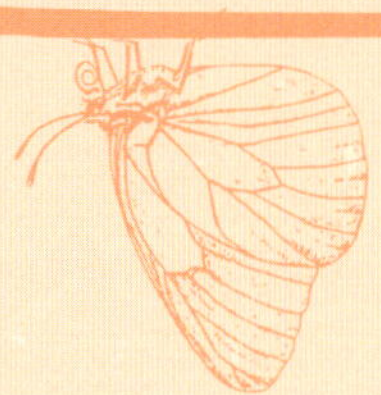

EIN MEHRFAMILIENHOTEL FÜR VIELE INSEKTEN

In diesem Hotel sind alle Fächer und Etagen mit verschiedenen natürlichen Materialien gefüllt, damit Wildbienen, Ohrwürmer, Schmetterlinge, Florfliegen und andere Insekten einziehen. An einem sonnig-warmen Platz aufstellen und das ganze Jahr über draußen belassen.

SO GEHT ES:

- Bambusröhrchen und Schilfstängel auf 11 cm einkürzen, Ränder mit Sandpapier glätten, Löcher innen mit Pfeifenputzer säubern
- Lochziegel aus Ton (zu große Ziegel mit dem Hammer passend schlagen)
- Hartholz (in 11 cm lange Hartholzäste und Hartholzstammstücke bohrertiefe, blind endende Löcher mit 2–8 mm Durchmesser bohren)
- Baumrinde, Rindenmulch oder Holzwolle (locker einfüllen, mit Kaninchendraht vor Rausfallen schützen)

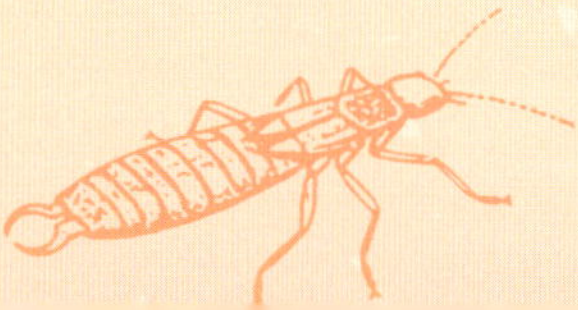

SCHLAFHÄUSCHEN FÜR MARIENKÄFER

In diesem Schlafhäuschen verbringen Marienkäfer die Nacht und den Winter.

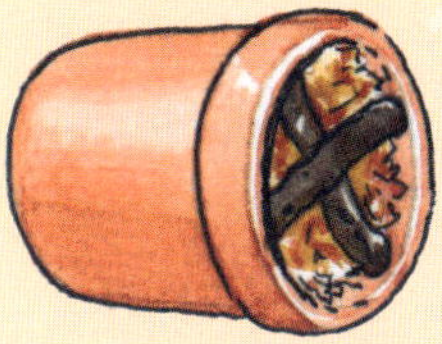

SO GEHT ES: Fülle einfach einen Blumentopf locker mit trockener Holzwolle, Heu oder Stroh. Damit das Material nicht rausfällt, drückst du zwei Zweige kreuzförmig in die Topföffnung, bis sie gut fixiert sind. Wenn du nun einen langen Stab oder Ast von unten in das Schlafhäuschen führst, kannst du es an einen regengeschützten Platz in die Erde oder in einem Pflanzgefäß platzieren.

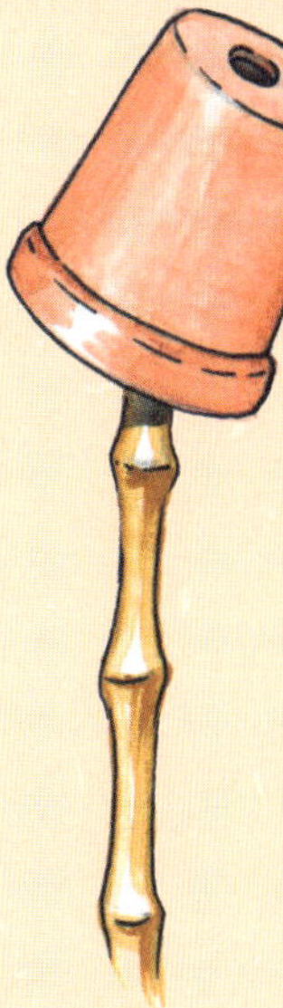

Tagsüber ziehen auch gern Ohrwürmer in das Häuschen ein, die nachts auf der Suche nach Nahrung (Blattläuse, Mehltaupilze, Mottenlarven, auch reifes Obst) umherziehen.

EIN VERSTECK FÜR DEN IGEL

Nachts streifen auch Igel durch Natur und Garten. Dabei schnüffeln sie laut nach Käfern, Regenwürmern und anderen Kleintieren. Tagsüber und den langen Winter von November bis April verschlafen sie in einem Versteck – etwa in diesem, das du ganz leicht bauen kannst.

SO GEHT ES: Dazu musst du nur eine 10 x 15 cm große Öffnung in eine Holzkiste sägen, umdrehen, ein Stück Dachpappe als Regenschutz auf das „Dach" (= Boden der Holzkiste) aufnageln und an einem schattigen Platz zwischen Büschen aufstellen.

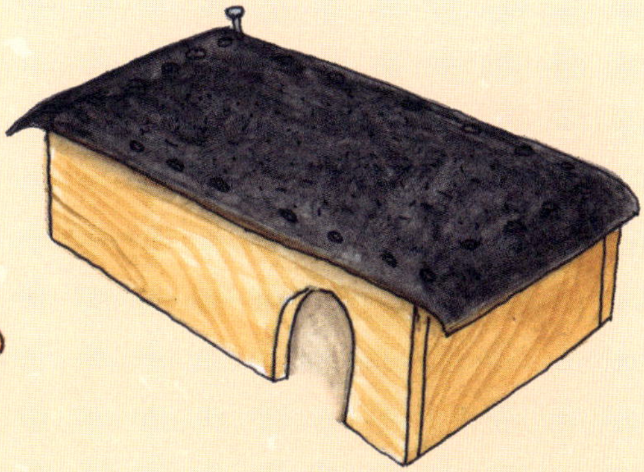

PROJEKT!

BLÜTENFREUNDEN HELFEN

Bienen, Schmetterlinge und andere Pflanzenbestäuber sorgen dafür, dass es im Sommer leckere Früchte gibt.

Vor vielen Millionen Jahren haben die Blumen und einige Insekten eine innige Partnerschaft aufgebaut, ohne die keiner der beiden Partner leben könnte: Blüten und bestäubende Insekten wie Bienen, Hummeln und Schmetterlinge. Beide Partner haben sich im Lauf dieser Zeit aneinander angepasst. Damit die Insekten auch tatsächlich die Blüten besuchen, Pollen auf ihren Körper laden und eine andere Blüte damit bestäuben, bieten viele Blüten süßen Nektar als energiereiche Nahrung an.

Die Insekten hingegen haben ihrerseits kurze bis lange Saugrüssel entwickelt, mit denen sie den flüssigen Nektar tanken können. Da nur bestäubte Blüten Samen und Früchte wie Himbeeren, Äpfel oder Kirschen bilden können, ist es wichtig, dass es genügend Blütenbestäuber gibt – in den letzten Jahrzehnten sind diese aber immer seltener geworden. Darum ist es gut, wenn du den Hummeln, Schmetterlingen und Bienen hilfst.

HUMMEL-HOTEL „ERDLOCH“

Schon an warmen Februartagen fliegen die ersten Hummeln – sie sind besonders groß, denn das sind die Hummelköniginnen. Nur sie haben unter den Hummeln den Winter überlebt. Nun suchen sie eine passende Unterkunft, um darin einen neuen Hummelstaat zu gründen. Und für die meisten Hummeln sind verlassene Mäusebaue das perfekte Quartier. Wundere dich also nicht, wenn eine Hummel in einem Erdloch verschwindet – oder in deinem Hummel-Hotel.

SO GEHT ES: Dazu nimmst du einen mindestens 20 cm großen Blumentopf aus Ton, bei dem du das Abzugsloch auf dem Boden mit einer Feile etwas größer machst. Dann füllst du eine Handvoll Heu oder Stroh in den Topf und stellst ihn im Februar/März umgekehrt an eine geschützte Stelle unter Sträucher. Noch besser ist es, wenn du ihn umgekehrt so tief in den Boden eingräbst, dass das Loch bodeneben liegt. Lege einen gewölbten Dachziegel als Regenschutz über das Loch.

SCHMETTERLINGS-PENSION

SO GEHT ES: Aus unbehandelten Holzbrettern (Rück- und Vorderwand 2 Bretter 14 x 25 cm; Boden 1 Brett 14 x 23 cm; Seitenwände 2 Bretter 12 x 20 cm und Dach 1 Brett 14 x 9 cm, 1 Brett 14 x 10 cm) baust du eine Pension für Schmetterlinge, in der sie nachts, an kalten Tagen und über den Winter ausreichend Schutz finden. Fülle das Innere mit Holzwolle, Naturbast oder anderen Naturmaterialien und stelle die Pension an einer warmen, regengeschützten Stelle auf. Und weil es in einer Pension auch etwas zu essen gibt, bietest du auf der Landeplattform zum Beispiel Folgendes an:

- ein kleines Töpfchen mit einem Speisesalzstein, etwa Himalajasalz
- überreifes Obst wie etwa Zwetschgen, Bananenstücke oder Pflaumen
- lange dicke Baumwollschnüre, die du in eine Mischung aus 100 ml Rotwein und 100 g Zucker getunkt hast. Den Schmetterlingen macht der Alkohol nichts aus, anders als uns Menschen.

BIENEN-RASTPLATZ BLÜTEN

PROJEKT!

Blumen für Bienen sind in den letzten Jahren rar geworden – darum gibt es für diese Insekten immer weniger zu futtern. Ganz anders in deinem Gärtchen und auf deinem Balkon: Dort wachsen Kornblumen, Schafgarben und viele andere und locken jede Menge Insekten an.

1. BLUMENSAMEN BESORGEN

Im Gartenhandel gibt es schon fertige Samenmischungen mit Blumen für Bienen und Hummeln, auch für Schmetterlinge und andere Insekten. Achte darauf, dass du Regio-Saatgut kaufst - denn diese Blumen sind bei dir heimisch und gut für alle Insekten. Oder du säst diese Bienen- und Hummelblumen aus: Dost, Echtes Labkraut, Flockenblumen, Gewöhnliche Möhre, Glockenblumen, Hornklee, Hundskamille, Kartäusernelke, Klatschmohn, Kornblume, Leimkraut, Natternkopf, Saatwucherblume, Schafgarbe, Schlüsselblume, Thymian, Wegwarte, Wiesenkümmel, Wiesenmargerite, Wilde Karde

2. TOPF VORBEREITEN

Die meisten Bienen- und Hummelblumen mögen einen durchlässigen, nährstoffarmen Boden. Darum mischst du fünf Handvoll Sand (aus dem Sandkasten) unter 5 Liter Blumenerde – diese Erde-Sand-Mischung füllst du in einen Kübel, größeren Blumentopf oder Blumenkasten. Mit der Hand drückst du diese Mischung etwas an und machst die Oberfläche glatt.

3. AUSSÄEN

Nun streust du die Samen auf die Erde und bedeckst sie mit einer ganz dünnen Schicht Sand. Das geht am einfachsten, wenn du eine Gabel zur Hilfe nimmst. Dann vorsichtig wässern, zum Beispiel indem du Wasser mit der Sprühflasche sprühst. Den Topf stellst du an einen hellen Platz ins Freie. Regelmäßig vorsichtig gießen – und beobachten, wie die Samen keimen.

4. ERFREUE DICH AN DER BLÜTENPRACHT!

Zähle an einem sonnigen Tag, wie viele Insekten die Blüten besuchen. Erkennst du die verschiedenen Bienen und Hummeln? Nach dem Verblühen lässt du die Blumen einfach stehen, denn nun bilden die Blüten Samen. Die reifen Samen fallen heraus, verbleiben im Winter in der Erde und keimen im kommenden Frühling zu neuen Blumen heran.

Wachsen in deinem Bienengarten **diese Pflanzen**, so finden die Bienen darin von Januar bis Oktober reichlich Nahrung:

1. Schnee-Heide (Erika, Erica carnea)
2. Löwenzahn
3. Diptam
4. Weiß-Klee
5. Himmelsleiter
6. Borretsch
7. Kugeldistel (Echinops)
8. Echter Dost (Origanum vulgare)
9. Sonnenbraut (Helenium)
10. Efeu

Im Garten kannst du die Samen auch auf den nackten Boden streuen, gießen und so zum Keimen bringen.

PFLANZENPORTRÄTS

DIE SCHÖNSTEN WILDBLUMEN ...

... blühen in deinem Gärtchen, egal ob auf einem Beet oder im Blumenkasten. Diese Wildblumen sehen aber nicht nur super aus, sondern werden auch von vielen Insekten besucht.

Lass die abgeblühten Blüten unbedingt stehen, damit sie Samen bilden können. Die reifen Samen kannst du sammeln und im nächsten Jahr neu aussäen oder sie den Vögeln als nahrhaftes Futter anbieten. Einmal gepflanzt, blühen die Blumen jedes Jahr erneut auf. Wenn du sie im Garten pflanzt, lass die Pflanzen über den Winter stehen und schneide die vertrockneten Stängel erst im März zurück. Pflanzt du sie in einen Blumenkasten oder Topf, sorge für guten Winterschutz (siehe Seite 11). Diese anspruchslosen Blumen passen gut zusammen, sie wünschen sich einen sonnigen bis leicht schattigen Platz, regelmäßig gießen:

Blumen in Blau-Weiß

HIMMELSLEITER
Polemonium caeruleum

- blüht blau von Juni bis August
- wird 40 bis 80 cm hoch

viele Blüten an langen Stängeln

KUGELDISTEL
Echinops

- blüht weiß- bis blaugrau von Juni bis in den Oktober hinein
- wird 50 bis 80 cm hoch

großer kugeliger Blütenkopf

GLOCKENBLUME
Campanula persicifolia

- blüht weiß bis blau von Juni bis September
- wird bis zu 40 cm hoch

In den nickenden Blüten suchen Hummeln und Bienen auch gern Schutz, wenn sie vom Regen überrascht werden.

Wähle heimische Arten wie die Wiesen-Glockenblume *(Campanula patula)*, die Breitblättrige Glockenblume *(C. latifolia)* oder die Knäuel-Glockenblume *(C. glomerata)*.

Zwischen die Blumen säst du im Frühjahr Borretsch (Blüten und Blätter sind essbar!) und Akelei mit hübschen Blüten, die gern von Hummeln besucht werden!

Blumen in Gelb und Rot

TAGLILIE
Hemerocallis

blüht gelb bis orange von Juli bis August

wird bis zu 70 cm hoch

grasähnliches Laub mit großen, auffallenden Trichterblüten, öffnet täglich neue Blüten

HORNKLEE
Lotus corniculatus

blüht gelb von Mai bis August

wird 5 bis 40 cm hoch

Wichtige Futterpflanze für die Raupen vieler heimischer Schmetterlinge!

TÜPFEL-JOHANNISKRAUT
Hypericum perforatum

blüht gelb von Juni bis Juli

wird 30 bis 70 cm hoch

Heilpflanze! Wenn du die gelben Blütenblätter zwischen deinen Fingern verreibst, bildet sich ein roter Farbstoff!

Tolle Herbstblumen

ASTER
Aster tripolium

blüht in Weiß, Rosa, Rot, Violett und Blau von Juli bis November

wird 20 bis 150 cm hoch

Niedrige Astern: Kissen-Astern *(Aster dumosus)*
Mittelhohe Astern: Berg-Astern *(A. amellus)*, Goldhaar-Aster *(A. linosyris, mit gelben Blüten)*
Hohe Astern: Glatte Astern *(A. laevis)*, Raublatt-Astern *(Aster novae-angliae)*, Glattblatt-Astern *(A. novi-belgii)*

HOHE FETTHENNE
Sedum telephium

blüht rosa bis rot von September bis Oktober

wird 50 bis 70 cm hoch

Blüht unermüdlich viele Wochen lang!

Blüten im Winter

CHRISTROSE
Helleborus

blüht weiß von Januar bis März

wird 15 bis 25 cm hoch

Hummelköniginnen finden in den nickenden Blüten Schutz bei Kälteeinbrüchen oder Regenwetter.

Weil Sonnenblumen einjährige Pflanzen sind, blühen und bilden sie Samen, nur wenige Monate nachdem du den Sonnenblumenkern in die Erde gesteckt hast. Danach sterben die großen Pflanzen ab.

PROJEKT!

SONNENBLUMEN

Keine Blume wird so hoch und bildet so große Blüten wie die Sonnenblumen – und dabei gedeiht jede dieser Riesenpflanzen nur aus einem einzigen Sonnenblumenkern.

1. SONNENBLUMEN SÄEN

Sonnenblumen gedeihen fast auf jedem sonnigen Plätzchen im Erdboden, vorm Haus, am Zaun entlang, in Blumeninseln in der Stadt, in Beeten, in Pflanztöpfen, Kübeln und Blumenkästen. Du brauchst kein Extrabeet oder Pflanzgefäß herrichten, sondern steckst im April bis Juni je einen Sonnenblumenkern ein paar Zentimeter in die Erde. Halte 20 bis 40 cm Abstand zwischen den einzelnen Kernen.

2. SONNENBLUMEN PFLEGEN

Weil Sonnenblumen dicke Stängel, große Blätter und riesige Blüten innerhalb von wenigen Wochen bilden, brauchen sie viel Wasser und Dünger. Besonders an heißen Tagen musst du sie jeden Tag gießen und alle zwei bis vier Wochen mit einem Blumendünger mit Nährstoffen versorgen. Zwei bis drei Monate nach dem Säen blühen die ersten Blütenköpfe. Nimm Maß: wie groß sind die Blüten, wie lang die Blätter, wie hoch die ganzen Pflanzen.

3. OH JE, GEKNICKT ... WAS TUN?

Heftige Winde können die Stängel abknicken lassen – kein Problem für dich: Nimm einen geraden Ast oder Bambusstab (aus dem Gartencenter) als Schiene und fixiere ihn mit Paketklebeband oder kaputten Nylonstrümpfen an der Bruchstelle.

4. NOCH SCHNELLER BLÜTEN

Wenn du noch früher im Sommer die ersten blühenden Sonnenblumen wünschst, dann stecke schon im Februar/März je einen Sonnenblumenkern in mit Erde gefüllte Pflanztöpfchen. Stelle die Töpfchen an einen hellen, warmen Platz ans Fenster und halte die Erde stets gut feucht. Ab Mitte Mai kannst du dann die schon reichlich hohen Sonnenblumen ins Freie an die gewünschten Stellen pflanzen. Vorsichtig, damit die Stängel bei dieser Pflanzaktion nicht abbiegen.

Nach der Blüte lässt du die Sonnenblumen einfach stehen. Sie neigen ihre großen Blütenköpfe nach unten und in der Blütenkopfmitte reifen die Samen heran. Bald besuchen Grünfinken und andere Vögel die Blüten, denn sie mögen die noch weichen, unreifen Samen besonders gern. Wenn du Samen heranreifen lassen möchtest, etwa um sie als Winterfutter für Vögel aufzuheben oder um sie im kommenden Jahr erneut auszusäen, musst du die Blütenköpfe mit einem feinmaschigen Mulltuch schützen.

PFLANZENPORTRÄTS

DIE BESTEN VOGELFUTTERPFLANZEN ...

... blühen bei dir. Die Sträucher wachsen auch in einem großen Kübel und die Blumen bilden nach dem Verblühen viele Samen, von denen sich die Vögel im Winter ernähren.

3 Sträucher, in denen Vögel gute Nistplätze und Nahrung finden:

KUPFER-FELSENBIRNE
Amelanchier lamarckii

blüht weiß im Frühling, essbare Apfelfrüchte ab Juli

wird 4 m hoch, wächst langsam

wünscht einen hellen Platz

Pflegeleicht, Pflanzerde mit Sand mischen (auf 4 Liter Pflanzerde 1 Liter Sand geben), im Frühjahr mit Hornspänen düngen, alle 2 bis 3 Jahre in einen größeren Topf umsetzen. Die Äste kannst du beliebig zurückschneiden!

BLUTROTER HARTRIEGEL
Cornus sanguinea

blüht weiß von Mai bis Juni, kleine ungenießbare Steinfrüchte im Herbst

wird bis zu 5 m hoch, wächst langsam

Anspruchslos, im Winter sehr schön durch rote Äste und Zweige, im Frühjahr mit Hornspänen düngen. Wünscht einen hellen bis leicht schattigen Platz.

HUNDS-ROSE
Rosa canina

blüht rosa von Mai bis Juli, duftend, Hagebutten im Herbst

wird bis zu 3 m hoch

Anspruchslos, im Frühjahr nach Belieben zurückschneiden und mit Hornspänen düngen. Wünscht einen hellen Platz.

Blumen für dein Vogelfutterbeet im Garten oder Topf

BERG-FLOCKENBLUME
Centaurea montana

blüht blau von Mai bis Juli

wird 40–50 cm hoch

Wo sie sich wohlfühlt, breitet sie sich auch selbst durch Samen aus – wenn die Vögel welche übriglassen …

GEWÖHNLICHE NACHTKERZE
Oenothera biennis

blüht gelb von Juni bis September

wird 50–100 cm hoch

Jeden Abend öffnen sich neue Blüten, die intensiv duften; zweijährig – sät sich aber leicht selbst aus.

TEUFELSABBISS
Succisa pratensis

blüht blauviolett von Juli bis September

wird 30–80 cm hoch

Braucht wie viele Kräuter mageren Boden, daher nicht düngen! Zusammen mit Rosmarin, Oregano und Salbei pflanzen!

ACKER-WITWENBLUME
Knautia arvensis

blüht violett von Juli bis September

wird 50–70 cm hoch

Typische Wiesenblume

WEGWARTE
Cichorium intybus

blüht himmelblau von Juli bis September

wird 30–150 cm hoch

Alte Heilpflanze, aus den Wurzeln wird Kaffeeersatz („Muckefuck“) gewonnen.

TIPP! Auch Lavendel und Zitronenmelisse passen gut auf dein Vogelfutterbeet, an dessen Rand du im Frühling Sonnenblumenkerne in die Erde steckst (siehe Seite 76). Im Gartencenter gibt es auch spezielle Blumenwiesen-Samenmischungen für Vögel, die du nach der Anleitung auf dem Samentütchen ins Erdreich oder in einen Topf aussäst.

PROJEKT!

GÄRTNERN FÜR VÖGEL

Im Garten, in der Stadt und auf dem Land gehören Amsel, Meise, Fink und Star zu den beliebtesten Wildtieren. Da die meisten einst im Wald zu Hause waren, fühlen sie sich überall dort wohl, wo es Büsche und Bäume gibt.

Einige Stadtvögel, wie Hausrotschwanz, Mauersegler oder auch die Straßentauben, stammen dagegen aus Felslandschaften – für sie sind die Städte mit den hohen, nischenreichen Häuserfassaden einfach künstliche Felsen.

Wie wir Menschen brauchen Vögel zum Leben: Wasser, Nahrung und einen sicheren Platz zum Wohnen. Das kannst du ihnen leicht bieten, auch in der Stadt.

1. WASSER

Vögel müssen täglich Wasser trinken, auch im Winter. Damit sie keine weiten Flüge zu offenen Wasserstellen unternehmen müssen, bietest du ihnen eine flache Vogeltränke an. Das geht ganz einfach: Fülle einen Blumentopfuntersetzer mit Wasser und lege ein paar flache Steine in die Mitte, auf denen die Vögel landen können. Du kannst auch eine flache Tonschale selbst bauen, sie darf an der tiefsten Stelle höchstens 5 cm tief sein. Fülle täglich Wasser nach, denn Vögel nehmen darin auch gern ein Bad.

2. NAHRUNG

Vögel müssen jeden Tag reichlich speisen, denn sie haben einen großen Bedarf an Energie. Da sie gleichzeitig stets wenig Gewicht haben dürfen, um fliegen zu können, haben sie wenige Fettreserven in ihrem Körper. Darum brauchen sie vor allem energiereiche Nahrung wie Nüsse, Fette und fetthaltige Samen.

In der Brutzeit von Frühling bis in den Sommer hinein haben die Vögel noch größeren Nahrungsbedarf, denn nun müssen nicht nur sie, sondern auch bis zu 14 Küken gleichzeitig satt werden. Und das ist nicht einfach, denn bei uns gibt es immer weniger Insekten und natürliche Pflanzensamen. Eine Futterstelle hilft da enorm.

Du kannst sie zum Beispiel ganz einfach aus einer leeren Tetra Pak®-Tüte bauen.

WOHNRAUM

Meisen, Kleiber, Spatzen, Schnäpper und andere kleine Vögel brüten gern in verlassenen Baum- und Spechthöhlen – oder in einem **Nistkasten**. Den kannst du leicht selbst bauen, nämlich so:

Du brauchst dazu mehrere 1 cm dicke Holzbretter in den Maßen, wie auf der Illu. Zur Vorbereitung bohre in das Holzbrett D (Vorderwand) ein Flugloch mit einem Durchmesser von 28 mm (für Blaumeisen), 32 mm für Kohlmeisen oder 35 mm für Spatzen. Bohre dann in das Bodenbrett A zwei Löcher (10 mm), damit Feuchtigkeit ablaufen kann.

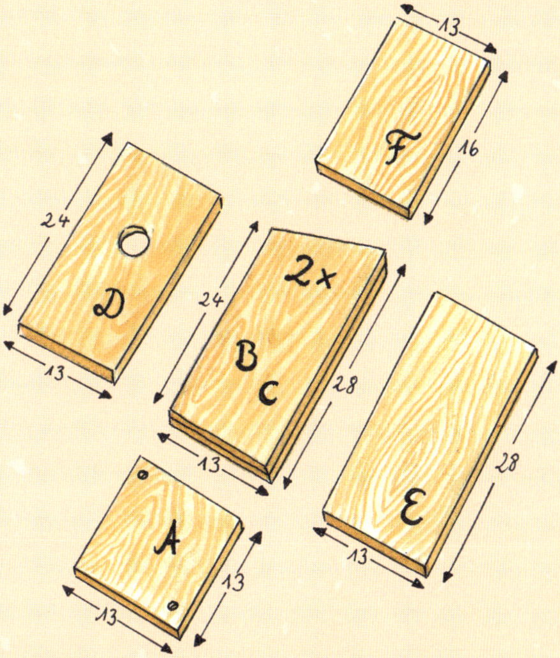

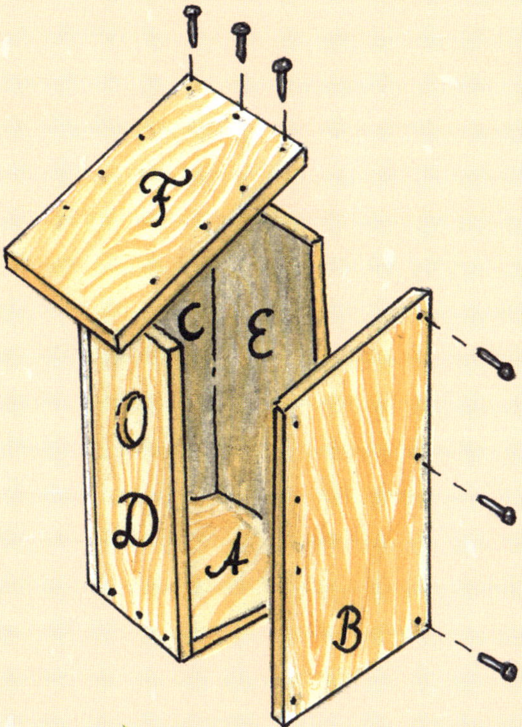

Dann beginnst du mit dem Zusammenbau: Nagle oder schraube die Rückwand E an den Boden A, dann die Seitenwände B und C an Boden und Rückwand. Befestige nun die Vorderwand D nur oben rechts und links an den Seitenwänden, damit du sie zum Reinigen öffnen kannst. Zuletzt nagle oder schraube das Dach F auf die Rück- und Seitenwände.

Hänge mehrere Nistkästen in Abständen von 10 m an regengeschützten Plätzen auf.

NOCH MEHR GARTEN-PROJEKTE

Coolen Eistee aus selbst geernteten Kräutern trinken, in eigenen Pflanzen baden oder Farben zum Malen und für Stoffe anbauen – das klingt doch super. In diesem Kapitel erfährst du, wie du solche Projekte in deinem Garteneckchen umsetzt.

PFLANZENFARBEN AUS DEM EIGENEN GARTEN

Aus Blättern, Blüten und anderen Pflanzenteilen bekommst du bunte Farben ganz ohne Chemie. So kannst du Malen oder Stoffe und Speisen ganz natürlich einfärben.

Färberpflanzen haben eine lange Geschichte, denn schon seit vielen Jahrhunderten färben die Menschen mit den pflanzlichen Farbstoffen ihre Kleidung. Möchtest du diese alte Kunst des Färbens ausprobieren? Dann pflanze in dein Gärtchen ein paar Färberpflanzen.

MIT PFLANZENFARBEN MALEN

Viele Blüten und Früchte enthalten Farbstoffe, mit denen du ganz leicht eine flüssige Farblösung zum Malen auf Papier für Bilder, Geburtstagskarten, Kalenderbilder oder Geschenkpapier erhalten kannst. Dazu quetschst du die Pflanzenteile mit etwas Wasser in einem Sieb oder alten Baumwolltuch aus oder zerreibst sie in einem Mörser. Fülle die ausgepresste Pflanzenfarbflüssigkeit in ein Schraubglas. Da sie leicht schimmeln können, verbrauche sie rasch und bewahre Reste im Kühlschrank auf.

Mit den Pflanzenfarben kannst du auch die Schalen gekochter Eier (heiße, frisch gekochte Eier 10 Minuten in das Farbbad geben) und Leinen-, Seide- oder Baumwollstoffe färben – allerdings bleichen sie mit der Zeit aus.

- **Blüten der Goldrute**: Gelb
- **Zwiebelschalen** (aufkochen): Gelb bis Rotbraun
- **Blütenblätter von Studentenblume** (Tagetes): Gelb, Orange bis Braun
- **Himbeeren***: Rosarot
- **Rote Bete*** (vorgekochte): Pink
- **Blütenblätter von Geranien**: Rosa bis Rot
- **Blütenblätter von Dahlien**: Orange bis Rot
- **Kirschen***: Rot
- **Rotkohl** (auch Rotkohlgemüse aus dem Glas oder Beutel): Rot (Essig zugeben) bis Blau (Natron zugeben)
- **Johannisbeeren***: Rot bis Schwarz
- **Blütenblätter von Malven**: Rotviolett
- **Brombeeren***: Violett
- **Holunderbeeren**: Blauviolett
- **Blaubeeren, Heidelbeeren***: Dunkelblau
- **Spinat** (auch Tiefkühlspinat): Grün
- **Brennnesseln** (aufgekocht): Grün

Mit den flüssigen Farben der Früchte und Gemüse färbst du auch blasse Speisen bunt. Probiere es mal mit Vanillepudding, Joghurt oder einem hellen Rührkuchen aus.

* Die Pflanzenreste kannst du noch essen, als Gemüse oder Kuchenbelag

DEINE FÄRBERPFLANZEN

Auf deinem Gartenbeet oder in einem größeren Pflanzgefäß gedeihen deine Färberpflanzen.

FÄRBERKAMILLE
Anthemis tinctoria

- blüht goldgelb von Juni bis September
- wird 30 bis 60 cm hoch
- sonniger Platz, wenig düngen, regelmäßig gießen
- Blüten färben gelb

BLAUE FÄRBERHÜLSE
Baptisia australis

- indigoblaue lupinenähnliche Blüten von Juni bis Juli
- wird bis zu 150 cm hoch
- sonniger Platz, wenig düngen, regelmäßig gießen
- Blätter, Blüten und Triebe färben indigoblau, wird auch Wilder Indigo genannt

ECHTES LABKRAUT
Galium verum

- blüht gelb von Mai bis September
- wird 30 bis 50 cm hoch
- sonniger bis leicht schattiger Platz, wenig düngen, regelmäßig gießen
- Blüten färben gelb, Wurzeln rot

ECHTE GOLDRUTE
Solidago virgaurea

- blüht gelb von Juli bis Oktober
- wird 60 bis 100 cm hoch
- sonniger bis leicht schattiger Platz, anspruchslos
- Blüten färben goldgelb

WIESEN-SCHAFGARBE
Achillea millefolium

- blüht weiß von Juni bis Oktober
- wird 30 bis 60 cm hoch
- sonnig-warmer Platz, anspruchslos, verträgt auch Trockenheit
- Blüten färben gelb

HOHE STUDENTENBLUME
Tagetes erecta

- blüht gelb von Juli bis September
- wird bis zu 70 cm hoch
- sonniger bis leicht schattiger Platz, pflegeleicht
- Blüten färben leuchtend goldgelb

KRÄUTER FÜR HEISSE DRINKS UND COOLE TEES

Aus deinen eigenen frischen oder getrockneten Blüten, Blättern oder Früchten stellst du dir ganz einfach einen fruchtigen oder zitronigen Tee her – und wenn du im Sommer ein paar Eiswürfel in Kanne und Becher gibst, wird daraus ein leckerer Eis-Tee!

JEDE MENGE TEES

Die verschiedenen Teekräuter entwickeln im Tee unterschiedliche Geschmacksrichtungen, Wirkungen sowie Färbungen. Die meisten Tees bestehen aus verschiedenen Pflanzen, du kannst aber natürlich auch nur aus den Blüten oder Blättern einer einzigen Pflanze einen Tee brauen. Probiere verschiedene Kräutertees aus und besorge dir dann die Pflänzchen oder Samen im Gartencenter. Die Teekräuter deines Lieblingstees pflanzt oder säst du zusammen auf dein Tee-Beet oder in deinen Tee-Blumenkasten oder -Kübel.

SO KREIERST DU DEINEN LIEBLINGSTEE

1. Gib deinem Tee ein Thema – soll der Tee dich ruhig machen und dir eine gute Nacht schenken, dir morgens Schwung für den neuen Tag geben oder dich einfach an einem heißen Tag erfrischen?
2. Wähle nun nach Wirkung und Geschmack die Teekräuter aus und gib ein paar Blüten hinzu, die dem Tee eine schöne Farbe verleihen. Die Farbwirkung verschiedener Blüten erfährst du im Textkasten unten.

- **Beruhigender Abend- und Schlaftee:**
  Zitronenmelisse, Zitronenverbene oder Hopfen, dazu Kamillen- oder Lavendelblüten
- **Erkältungsstoppender Herbsttee:**
  Pfefferminze, Himbeerblätter und Salbei zu gleichen Teilen, dazu Blüten der Kornblume
- **„Zitronen“tee:**
  Zitronenmelisse oder Zitronenverbene, dazu Blütenblätter von Sonnenblumen oder Ringelblumen
- **Erfrischender Sommertee:**
  Pfefferminze oder Marokkanische Minze oder Spearminze, dazu Blüten von Nachtkerze, Königskerze oder Sonnenblumen
- **Glückstee:**
  Zitronenverbene mit Lindenblüten, Kamille und Pfefferminze

Tipp!
Deinen Tee kannst du mit ein bisschen Honig, Saft oder Sirup süßen.

EIS-TEE

REZEPT

Du brauchst:

- 1 Liter Kräuter- oder Früchtetee
- 0,5 Liter Orangen-, Apfel- oder Traubensaft
- Saft einer Limette
- Zitronenmelissenblätter oder Pfefferminzeblätter

SO GEHT ES: Du brauchst 1 Liter Kräuter- oder Früchtetee, den du abkühlen lässt. Mische 0,5 Liter Orangen-, Apfel- oder Traubensaft unter sowie den Saft einer Limette. Eiswürfel hinzugeben – fertig ist der Eis-Tee! Zitroniger wird der Eis-Tee mit frischen Zitronenmelisseblättern, minzig mit frischen Pfefferminzeblättern.

PFLANZEN ZUM BADEN UND FÜR CREME

Badest du gern? Mit verschiedenen selbst angebauten Badekräutern duftet das warme Wasser in der Wanne besonders fein und entfaltet eine tolle Wirkung. Aus Kräutern kannst du auch duftende Cremes selber machen.

DIE BESTEN BADEPFLANZEN

Auf deinem Badepflanzenbeet oder -kasten wachsen diese Pflanzen:

WIRKUNG IM BAD:	PFLANZEN:	BESONDERES:
guter Duft	duftende Rosen (Englische Rosen) Gänseblümchen Echte Kamille Nelken, Veilchen Pfingstrosen Muskateller-Salbei	Rosen brauchen einen großen Kübel, im Winter Kübel und Pflanze gut vor der Kälte schützen (siehe Seite 11).
entspannend, beruhigend	Hopfen Lavendel, Majoran, Dost Thymian, Zitronenmelisse	Hopfen braucht ein Rankgerüst.
erfrischend, belebend	Rosmarin	
bei Erkältungen	Dost, Oregano, Thymian	
gut für die Haut	Gänseblümchen Malveblüten Ringelblumen Stiefmütterchen	

BADEN MIT BLÜTEN UND KRÄUTERN

Für ein Bad in der Wanne brauchst du etwa zwei Handvoll frische Kräuter oder Blüten. Gib die Kräuter in ein hitzeresistentes Gefäß (Teekanne zum Beispiel) und übergieße sie mit 1 l heißem Wasser. Lass die Kräuter darin 10 Minuten ziehen, und gieße sie durch ein Sieb in das einlaufende Badewasser.

TIPP! Wenn du zusätzlich noch einen Becher Sahne ins Badewasser gibst, wird deine Haut noch gut versorgt.

KRÄUTERKISSEN FÜR GUTE NÄCHTE

Du brauchst zwei 10 x 10 cm große Baumwollstoff-Stücke. Nähe sie an drei Seiten zusammen und fülle das Kissen mit getrocknetem Dost, Majoran oder Lavendel, dann nähst du die offene Seite zu – fertig! Wenn du unruhig schläfst oder schlechte Träume hast, lege dieses Kräuterkissen auf dein Kissen und schlafe darauf. Gute Nacht!

RINGELBLUMENSALBE SELBST GEMACHT

REZEPT

Du brauchst:

- 250 g Melkfett
- zwei Handvoll frische Ringelblütenköpfe
- Cremedosen, Leinentuch

SO GEHT ES: Erhitze 250 g Melkfett in einem Topf, bis es flüssig ist. Rühre zwei Handvoll frische, trockene Ringelblütenköpfe in das Fett und lass die Mischung kurz aufkochen. Vorsicht, sehr heiß! Nimm den Topf vom Herd, Deckel drauf und 24 Stunden stehen lassen. Erwärme die Blüten-Fett-Mischung, filtere sie durch ein sauberes Leinentuch und fülle die Salbe in blitzesaubere Cremedosen ab.

Statt Ringelblumen kannst du auch jedes andere Kraut oder Blüten für das Salbenrezept verwenden – probiere es aus!

DUFTENDE KRÄUTER, DIE DIR GUTTUN

In deinem Gärtchen gedeihen auch feine, duftende Kräuter. Mit den geernteten Blättern stellst du Leckeres und Wohltuendes her, das du auch verschenken kannst.

LAVENDEL

Lavandula angustifolia

- wird 30 bis 60 cm hoch
- blüht von Juli bis September
- braucht sonnig-warmen, windgeschützten Platz
- pflegeleicht, wenig gießen
- das ganze Jahr über Blätter ernten, im Hochsommer die voll aufgeblühten Blüten

Für Seife, Creme, Badesalz und Duftsäckchen: Fülle dazu die getrockneten Blüten in dünne Baumwollsäckchen, die du zum Beduften in deinen Kleiderschrank gibst.

Tipp! Idealer Pflanzenfreund von Rosen, pflanze beide zusammen!

Duftet nach Südfrankreich!

MELISSE, ZITRONENMELISSE

Melissa officinalis

- wird bis zu 80 cm hoch
- blüht von Juli bis September
- braucht einen sonnig-warmen Platz
- pflegeleicht, regelmäßig gießen, im Frühjahr düngen
- im Sommerhalbjahr fortlaufend beblätterte Triebe ernten, nur frisch verwenden

Noch mal Zitrone No. 1!

Für Tees, Desserts, süße Quark- und Joghurtspeisen, Marmelade; probiere mal ein paar Blätter Zitronenmelisse in der Apfelsaftschorle.

Tipp! Gedeiht auch gut im Blumenkasten zusammen mit anderen Balkonblumen!

Minziges!

PFEFFERMINZE

Mentha x piperita

- wird 30 bis 90 cm hoch
- blüht von Juli bis September
- braucht sonnigen bis halbschattigen Platz
- pflegeleicht, robust, regelmäßig gießen, breitet sich rasch im Garten aus – darum besser im Pflanzgefäß anbauen
- im Sommer Blätter ernten, frisch oder getrocknet verwenden

Für Tees, Sirup, Limonade und Bowle, würzt Obstsalat, Süßspeisen, Eis, Gelee.

Tipp! Pflanze in einen Blumenkasten oder Kübel verschiedene Minzen, die so schmecken, wie sie heißen: Ananasminze, Spearmint, Orangenminze, Limonenminze, Grapefruitminze, Zitronenminze, Ingwerminze, Lavendelminze, Schokoladenminze.

GARTEN-SALBEI

Salvia officinalis

Die Halsweh-Pflanze!

- wird 30 bis 70 cm hoch
- blüht von Juni bis August
- braucht einen sonnig-warmen Platz
- pflegeleicht, sehr genügsam, wenig gießen
- das ganze Jahr über Blätter ernten, frisch oder getrocknet verwenden

Bei Halsschmerzen mit lauwarmem Salbeitee gurgeln! Auch für Duftpotpourris und zum Räuchern von Wohnräumen, würzt in der Küche Salate, Suppen, Kartoffel-, Fleisch-, Nudel- und Reisgerichte; auch die Blüten sind essbar.

Tipp! Viele Sorten mit angenehmen Düften wie Ananas-Salbei (S. rutilans), Frucht-Salbei (S. dorisiana), Honigmelonensalbei (S. elegans) und Muskatellersalbei (S. sclarea).

ZITRONENVERBENE

Aloysia triphylla

Der beste Zitronenduft No. 2!

- wird bis zu 200 cm hoch
- blüht im September
- braucht einen sonnig-warmen Platz
- pflegeleicht, regelmäßig gießen, von Oktober bis Mai an kühlem, frostfreien Ort drinnen überwintern, im Frühjahr düngen
- im Sommer fortlaufend beblätterte Triebe ernten, im Herbst eintrocknende Blätter von den Stängeln abstreifen und in einem Schraubglas aufbewahren

Für Zitronentee, Limonade, Sirup, Milchshake und Smoothie, würzt auch Süßspeisen wie Eis, Pudding, Obstsalat, Kompott, Gelee, Konfitüre; schmeckt besonders lecker zu Erdbeeren und Pfirsich.

GRÜNFUTTER FÜR MEERSCHWEINCHEN UND KANINCHEN

Meerschweinchen und Hauskaninchen lieben frische Kräuter, denn sie sind sehr gesund und bieten den Nagern abwechslungsreiche, schmackhafte Kost. Diese Kräuter kannst du auf deinem Beet, in einem Balkonkasten oder Topf selbst anbauen.

Damit Kräuter richtig gut schmecken und viele gesunde Vitamine, Mineral- und Ballaststoffe enthalten, wähle einen möglichst sonnigen Platz für den Anbau. Du kannst dann entweder die frischen Kräuter pflücken oder du setzt deine Tiere im Sommer in das Beet. Dann bedienen sie sich selbst an den Kräutern.

DAS KLEINNAGER-KRÄUTER-BEET

Unter den Küchen- und Wildkräutern gibt es etliche, die Meerschweinchen und Kaninchen munden. Darum wachsen in dem Kleinnager-Kräuterbeet diese Kräuter:

- Basilikum
- Borretsch (nur wenig)
- Dill
- Gänseblümchen
- Hibiskus
- Kamille
- Löwenzahn
- Luzerne
- Majoran
- Melisse
- Oregano
- Ringelblumen
- Sonnenhut (Echinacea)
- Thymian
- Zitronenmelisse

Nicht vergessen: Von Mai bis Juli wöchentlich Möhren und grünen Salat aussäen.

ACHTUNG!

Im Frühjahr müssen sich die kleinen Nagetiere erst langsam an die frische Kräuterkost gewöhnen. Darum solltest du zuerst nur kleine Mengen Gräser und Kräuter anbieten. Die tägliche Menge kannst du steigern, bis sich der Darm der Tiere auf das Futter eingestellt hat. Dann darfst du das frische Grünfutter in unbegrenzten Mengen verfüttern. Erst wenn Meerschweinchen, Kaninchen und Co. an das frische Grün gewöhnt sind, darfst du sie ins Freie auf Blumen- und Kräuterwiese setzen. Ohne eine solche langsame Gewöhnungsphase kann das ungewohnte Futter den kleinen Nagern große Verdauungsprobleme bereiten.

SPEZIELLE SAMENMISCHUNGEN

Im Gartencenter gibt es auch spezielle Samenmischungen für Nagetierfutterpflanzen. Wenn du diese nach der Anleitung auf der Packung auf dein Beet oder in einen Blumenkasten mit ungedüngter Blumenerde (zum Beispiel Aussaaterde) säst, hast du bald frisches leckeres Grün für deine Tiere.

KNABBEREIEN FÜR MEERSCHWEINCHEN UND CO.

Nagetiere knabbern gern an härteren Ästen und Zweigen, die du ihnen auch samt grünen Blättern anbieten kannst. Richtig harte Kost ist zudem gut für ihre Zähne. Doch du darfst den Meerschweinchen und Kaninchen nicht einfach irgendeinen Ast zum Fressen geben, denn viele Gehölze sind giftig für sie. Erkundige dich, welche Bäume und Sträucher im Garten wachsen – dann kannst du immer mal wieder einen kleinen Zweig abschneiden.

Zweige von diesen Gehölzen darfst du verfüttern:

- alle Obstbäume mit Blättern, aber ohne Früchte
- Haselnuss-, Himbeer- und Johannisbeersträucher, auch mit Früchten
- Brombeer- und Rosensträucher, Stacheln entfernen, auch mit Früchten
- Linden, Pappeln, Ahornarten, Hainbuchen, Weiden, Kiefern, Tannen und Fichten

ACHTUNG!

Das darfst du nicht verfüttern:

- Kerne von Pfirsichen, Aprikosen und anderen Früchten, denn sie enthalten giftige Blausäure
- Zweige von Weihnachtsbäumen, denn diese wurden häufig gespritzt
- Zweige von Eiben (sehr giftig)
- Zweige von gekauften Rosen aus dem Blumenstrauß
- Gras aus dem Rasenmäher

MEINE KRÄUTER-APOTHEKE

Manchmal plagt selbst die Gesündesten das eine oder andere Wehwehchen. In deinem Heilkräuterbeet oder -kasten gedeihen verschiedene Kräuter, die Heilkraft besitzen und Leiden lindern.

DEINE HEILKRÄUTER-APOTHEKE

Damit du gleich die richtigen Heilkräuter zur Hand hast, legst du dir am besten für jedes Leiden eine kleine Heilkräuter-Apotheke an. Pflanze dazu die passenden Heilkräuter zusammen in ein Beet oder einen Blumenkasten und stecke ein Schild dazu, wozu die Pflanzen dienen. Los geht's!

HEILKRÄUTER-TEE AUFGIESSEN

Wenn es nicht anders beschrieben ist, pflückst du die Blätter, Blüten oder Früchte und kochst aus den sauberen Pflanzenteilen einen Tee. Du brauchst für eine Tasse Tee etwa einen Teelöffel Blätter und/oder Blüten, die du mit heißem Wasser übergießt und 3 bis 5 Minuten ziehen lässt. Mit Honig gesüßt genießen und die heilende Wirkung spüren.

PFLANZENKOMBINATIONEN FÜR VERSCHIEDENE WEHWEHCHEN:

Pflanzen, die Ängste lindern:

Johanniskraut, Lavendel, Zitronenmelisse

In einem Topf mit Rankgerüst gedeihen Hopfen oder Passionsblume, deren Duft beruhigend wirkt.

Pflanzen, die bei Bauchweh helfen:

Anis, Fenchel, Koriander, Kümmel, Lavendel, Pfefferminze

Pflanzen, die bei Durchfall helfen:

Gänsefingerkraut, Heidelbeere, Kamille

Pflanzen, die bei Erkältung helfen:

Knoblauch, Schlüsselblume

Pflanzen, die bei Halsweh helfen:

Eibisch, Kamille, Malve, Salbei, Thymian

Wichtig: Bei trockenem Hals und Husten keinen Salbei verwenden, er trocknet noch mehr aus!

Pflanzen, die Insektenstiche lindern:

Aloe, Gänseblümchen, Pfefferminze, Spitzwegerich, Zwiebel

Anwendung: Quetsche aus den Blättern oder der Zwiebel den Saft und träufel ihn auf die betroffene Stelle.

Pflanzen, die Kopfweh lindern:

Mutterkraut, Mädesüß, Pfefferminze

Pflanzen, die Übelkeit beim Reisen lindern:

Kamille, Pfefferminze, Zitronenmelisse

Pflanzen, die dich gut schlafen lassen:

Kamille, Lavendel, Zitronenmelisse

Pflanzen, die Schürfwunden schneller heilen lassen:

Kamille, Ringelblume

Anwendung: Wattepad mit abgekühltem Tee tränken und auf Wunde legen

PROJEKT!

PFLANZEN FÜR DIE NASE

Hast du Lust auf Gärtnern mit der Nase?
Dann lass auf deinem Balkon oder Beet besondere Pflanzen wachsen:

Manche Pflanzen stinken nämlich wie vergammelter Fisch, heißer Gummi oder muffiger Mäusekot. Andere Pflanzen duften wie leckere Schokolade, frische Zitrone oder blumige Rosen. Pflanzen stinken oder duften nicht umsonst, sondern locken damit verschiedene Insekten an – Mücken und Fliegen stehen eher auf Gestank, Bienen und Falter eher auf Duft! Nur wenn diese Insekten die Blüten besuchen, werden sie bestäubt und können Samen bilden!

MEIN STINKPFLANZEN-BEET:

In einem Beet oder Blumenkasten gedeihen deine Lieblings-Stinkpflanzen. Die einjährigen Pflanzen kannst du einfach im Frühling aussäen, die Zwiebelblumen und Stauden pflanzt du im Frühjahr in die Erde. Gießen nicht vergessen!

DIE BESTEN STINKPFLANZEN:

ANMUTIGER BARTFADEN (Penstemon venustus)

- Staude mit blauen bis rosa Blüten
- Blätter an warmen Regentagen wie alte Socken

ASPHALTKLEE (Bituminaria bituminosa)

- Staude, bis zu 1 m hoch, mit hellvioletten Blütenköpfen
- Pflanze beim Berühren nach frisch geteerter Straße

DRACHENWURZ (Dracunculus vulgaris)

- Zwiebelblume, bis zu 1,5 m hoch, sonnig bis halbschattig, pflegeleicht
- im Mai tiefvioletter Kolben in rotem Tütenblatt, stinkt faulig

KORIANDER (Coriandrum sativum)

- einjähriges Würzkraut, bis zu 50 cm hoch, essbar
- Blätter nach Wanzen

RUCOLA, WILDE RAUKE (Eruca vesicaria)

- einjährig, Blätter als Salat essbar
- ältere Pflanzen nach überhitzten Gummireifen pflegeleicht, einfach aussäen

STINKENDER GÄNSEFUSS (Chenopodium vulvaria)

- einjährige Pflanze, bis zu 40 cm hoch, sonnig bis halbschattig, pflegeleicht
- Blätter bei Berührung nach vergammeltem Fisch. Achtung, bleibt sehr lang an Haut und Kleidung haften!

STINKSTROHBLUME (Helichrysum foetidum)

- einjährig, bis zu 1 m hoch, sonnig auf trockenem Boden
- Pflanze beim Berühren nach Ziegenbock

TOLLE DUFTPFLANZEN

Vor allem unter den Kräutern gibt es viele, die intensiv duften. Pflanze Lavendel, Muskatellersalbei, Rosmarin, Ysop und Zitronenmelisse in ein sonniges Beet oder in einen Blumenkasten. Säe in die Zwischenräume Anis und Fenchel. Liebst du den Duft von Rosen, so entscheide dich für eine Englische Rose mit großen, intensiv duftenden Blüten – es gibt auch viele Sorten, die im Kübel auf dem Balkon gedeihen! Auch die Blüten von Jasmin und Jelängerjelieber verströmen einen intensiven Duft!

AHA!

Achte auf Pflanzen, in deren botanischem Namen das Wort foetidum (= stinkend) vorkommt! Diese Pflanzen stinken, während Pflanzen mit dem Wort odorata (= duftend) gut riechen!

GLOSSAR

Ableger: Tochterpflanzen, die bei Kontakt mit dem Boden Wurzeln bilden und zu neuen Pflanzen heranwachsen.

Ausgeizen: Entfernen von unerwünschten Seitentrieben, die bei Tomaten in den Achseln zwischen Blättern und Stängel wachsen.

Blähton: Tonkugeln mit zahlreichen Luftporen, die beim Brennen bei hohen Temperaturen entstehen; gute Dränage für Topfpflanzen.

Blütenökologie: biologisches Spezialgebiet, das sich mit der Blüte als Fortpflanzungsorgan beschäftigt und dabei die Zusammenhänge zwischen Blüten und den verschiedenen Bestäubern erkundet.

Blumenerde: Substrat für Topfpflanzen.

Brutzeit: Zeitraum, in dem Vögel sich paaren, Eier legen und ausbrüten und die Küken großziehen.

Chlorophyll: fachsprachlicher Begriff für Blattgrün; der grüne Farbstoff in allen grünen Pflanzenteilen, mit deren Hilfe die Pflanzen Fotosynthese betreiben.

Dränage: Vorkehrung, um überschüssiges Wasser abzuleiten; bei Topfpflanzen dient eine Schicht aus grobem Material am Topfboden dafür, dass das Wasser aus der Blumenerde abfließt und die Wurzeln nicht im Wasser stehen.

Dunkelkeimer: Pflanzen, deren Samen nur bei Abdeckung mit Erde keimen; dazu gehören beispielsweise Kürbis, Sonnenblumen und Tulpen.

Dünger: Stoffe, die solche Pflanzennährelemente enthalten, die von den Pflanzen aufgenommen werden können; organische Dünger sind zum Beispiel Kompost und Hornspäne.

Fotosynthese: Fähigkeit der grünen Pflanzen, Kohlenhydrate mithilfe von Sonnenenergie aus Kohlenstoffdioxid und Wasser aufzubauen.

Gartenkelle: kleines Handwerkzeug zum Pflanzen, das wie eine längliche Schaufel aussieht.

Herbstzeitlose: krokusähnliche Pflanze mit zartlila Blüten, die im Herbst blüht; sehr giftig!

Humus: abgestorbene organische Substanz im Boden, die den Boden dunkelbraun färbt; weil er für gute Bodeneigenschaften und gesundes Bodenleben sorgt, in dem Pflanzen gut wachsen und gedeihen können, heißt er auch „Gärtner-Gold".

Kompost: organisches zersetztes Material aus verschiedenen pflanzlichen Garten- und

Küchenabfällen, mit dem man die Pflanzen bestens mit Nährstoffen versorgt; eine einmalige Gabe von 3 Litern pro Quadratmeter Gartenboden im Frühling ist ausreichend für ein ganzes Jahr.

Lichtkeimer: Pflanzen, deren Samen Helligkeit zum Keimen benötigen; dazu gehören beispielsweise Möhren, Salate und Vergissmeinnicht; bei der Aussaat bedeckt man sie nicht oder nur ganz dünn mit Erde.

Mikroorganismen: mikroskopisch kleine Lebewesen, die man nicht mit bloßem Auge sehen kann; dazu gehören beispielsweise alle Einzeller (wie z.B. Pantoffeltierchen) und Bakterien, viele Pilze (wie z.B. Hefepilze) und Algen.

Mulchen: Abdecken des Bodens zwischen den Pflanzen mit organischem, verrottbarem Material, wie Laub oder gehäckseltem Gehölz.

Nährstoff: mineralische Stoffe wie Stickstoff, Kalium, Phosphor, Magnesium und Eisen, die die Pflanzen unbedingt zum Wachsen, Blühen und Fruchten benötigen.

Nektar: wässrige Zuckerlösung, die die Blüten bilden, um bestäubende Insekten wie Bienen, Hummeln und Schmetterlinge anzulocken; Bienen stellen aus Nektar Honig her.

Pflanzensprüher: Handgerät, mit dem man Wasser fein versprühen kann.

Phänologische Erscheinungen: Phänologie ist die Lehre von den natürlichen Erscheinungen während der Entwicklung, die stets aufeinanderfolgen; bei Blüten ist das etwa die Abfolge von Winterruhe – Aufbrechen der Knospen – Aufblühen – Bestäubung – Verblühen – Bildung von Samen/Früchten.

Pikieren: Vereinzeln von jungen Sämlingen, die nach der Aussaat durch Ausstreuen zu dicht stehen.

Pollen: männliche Geschlechtszellen von Pflanzen, wird auch Blütenstaub genannt.

Samen: entstehen nach Bestäubung und Befruchtung in den Fruchtknoten der Pflanzen; dienen der Vermehrung und Verbreitung von Pflanzen.

Staunässe: entsteht im Substrat, wenn das Wasser nicht abfließen kann; es schädigt die Wurzeln und lässt sie abfaulen.

Steckling: von der Mutterpflanze abgetrennte Teile, die Wurzeln bilden können.

Wurzelballen: Wurzelwerk einer Pflanze mitsamt der sie umgebenden Erde, die von den Wurzeln zusammengehalten wird.

Dieses Buch hat dir gefallen?
Dann lies doch hier weiter:

ISBN 978-3-96455-311-9

ISBN 978-3-96455-309-6

ISBN 978-3-96455-258-7

ISBN 978-3-96455-308-9

Weitere Artikel erhältlich im gut sortierten Buch- und Spielwarenhandel oder unter www.moses-verlag.de.

Wir danken dem Birkhof Pflanzencenter in Korschenbroich, in welchem das Fotoshooting für dieses Buch stattgefunden hat.

Vielen Dank an die drei engagierten Gärtner in diesem Buch: Lea, Tom und Maya.

Die Ratschläge in diesem Buch sind von der Autorin und dem Verlag sorgfältig erwogen und geprüft worden. Dennoch kann eine Garantie nicht übernommen werden. Eine Haftung des Verlages für Personen-, Sach- und Vermögensschäden ist ausgeschlossen.

© 2018 moses. Verlag GmbH
1. komplett überarbeitete und aktualisierte Neuauflage © 2024

moses. Verlag GmbH
Arnoldstraße 13d
47906 Kempen
Fon 0 21 52 - 20 98 50
Fax 0 21 52 - 20 98 60
Mail info@moses-verlag.de
www.moses-verlag.de

ISBN 978-3-96455-310-2

Alle Rechte vorbehalten. Die Reproduktion, Speicherung und Verbreitung dieses Buches mit Hilfe elektronischer oder mechanischer Mittel ist nur mit Genehmigung des Verlages möglich. Auch eine auszugsweise Veröffentlichung außerhalb der Grenzen des Urheberrechts bedarf der schriftlichen Zustimmung des Verlages.

Text: Bärbel Oftring

Illustrationen: Arno Kolb, Christine Henkel, Johann Brandstetter, Thomas Müller

Fotos: Fotolia: S. 1 (© vladz_2009), 2 (© galyna0404, © sveta), 4 (© philipk76), 5 (© Carolyn Franks), 12/13 (© Pathathai Chungyam), 20 (© luckybusiness), 21 (l. © fotoping, r. © reinhard sester), 22 (b © TwilightArtPictures, c © animaflora, d © Michael Tieck, e © ksi), 23 (a © Ingairis, b © lichtbildmaster, c © Karin Jähne, d © stgrafix, e © Fabian, f © emer), 24 (© Photozi), 26 (© monamakela.com), 27 (© Claudia Marx), 35 o. (© Markus Bormann), 38 (© airborne77), 40 (© Sunny studio), 42 (a © fotoknips, b © Christine Kuchem), 43 (© Franz Peter Rudolf), 44 (© wondermallow), 46 (a © stgrafix, b © Christian), 47 (a © jonnysek, b © 7monarda, c © Maren Winter), 48 (© photocrew), 49 (© Magdalena Kucova), 53 unten (© cinana), 54 (a © Photozi, b © Lukas Gojda, c © blende11.photo), 55 (a © DanBu.Berlin, b © Сергей Чирков, c © Martina Berg), 63 (a © radub85, b © olgavisavi, c © 7monarda, d © pholidito, e © 7monarda), 66 (© Swetlana Wall), 68 (li. © Klaus Eppele), 70 (a © Torsten Dietrich, b © vivoo, c © Christine Kuchem, 71 (a © M. Schuppich, b © Olena Mykhaylova, c © glueckskind, d © M. Schuppich, e © Eileen Kumpf, f © hcast), 47 (a © roelmeijer, b © simona, c © annapimages, unten © K.-U. Häßler), 75 (a © simona, b © Gnther, c © Eileen Kumpf, d © Roxana, e © vodolej), 78 (m.l. © Václav Mach, m.r.© Marina Lohrbach, u.l. © Henrik Larsson), 79 (o. © almaje, u.l. © yasti84, u.r. © annapustynnikova), 81 (a © Marta Jonina, b © alenazamotaeva, c © Wolfilser, d © akvals, e © alenazamotaeva, f © noppharat), 82 (© Alexander Raths), 83 (© annapustynnikova), 85 (© almaje), 86 (a © Laszlo, b © Václav Mach), 87 (a © emer, b © yasti84, c © JAG IMAGES), 88 (© vioma), 91 (© Marina Lohrbach), 94/95 (© Angela), stock.adobe.com: S. 6 (c singkham), 22o.l. (c snowturtle), S. 23 u. (c haiderose), Im Augenblick – Kretschmer Fotografie: S. 3, 8, 10, 15, 16, 18, 25, 28, 29, 30, 31, 32, 33, 34, 35 u., 36, 37, 45, 46, 47, 50, 51, 53, 55, 57, 59, 60, 61, 62, 69, 72, 78, 79, 86, 90, 92, 93, U4, U1
Fotos Umschlag: ((copyrightzeichen)) stock.adobe.com: fotomaster (Igel), Ziga Carmernik (Raupe freigestellt), kornetka (Gießkanne), Alekss (Marienkäfer), Ozmen (Tomate),DR pics (Hintergrund Holz), dule964 (Erde freigestellt), Alrika (Boden mit Pflänzchen), Martina Berg (Gartenkürbis)

Layout, Typographie & Satz: Melanie Dahmen

Redaktion: Dagmar Hoppe, Ina Lutterbüse

Herstellung: Nicole Bienia

Printed in Poland.

FSC www.fsc.org MIX Papier | Fördert gute Waldnutzung FSC® C018236

Inhaltsseiten gedruckt auf MAESTRO® PRINT Papier Cradle to Cradle Certified® in der Stufe Bronze. Cradle to Cradle Certified® ist ein eingetragenes Markenzeichen des Cradle to Cradle Products Innovation Institute.

Klimaneutral Druckprodukt
ClimatePartner.com/14161-2001-1001